**명리학에서
길을 찾다**

명리학에서
길을 찾다

신규영 지음

두드림미디어

프롤로그

나아갈 때와 물러설 때를 알자

지난 2019년에 첫 책인 《긍정명리학》을 출간하고, 이번에 명리학 박사과정을 마치며, 두 번째 책을 세상에 내놓게 됐다. 명리학 박사과정을 2020년부터 2022년까지 6학기 동안 공부하고, 2023년 2월에 수료(국제뇌교육종합대학원대학교 동양학과 명리미래예측 전공)하면서 나름 많은 것을 배우면서 깨달았다. 이 책을 쓰고 있는 지금은 명리미래예측학 박사 논문 심사 중이다.

이 책의 내용은 다음과 같다.

첫째, 필자가 직접 강의하는 긍정명리학 과정을 12기*까지 진행하면서 명리학을 배우려면 꼭 알아야 할 부분을 집필했다.
둘째, 그동안 명리학 칼럼을 쓴 내용을 정리했다.

* 필자가 강의하는 긍정명리학 1기는 주 1회 2시간씩 12회 또는 3시간씩 8회로 진행하고 있는데, 이 책을 집필한 시기는 12기가 진행됐다.

셋째, 저자의 명리미래예측학 박사 논문 관련 주요 일부 내용을 넣었다.

명리학을 이해하는 데 필요한 기본이론은 일반 고전명리 책과 스승님이신 1호 명리학(미래예측학) 박사 '석하 소재학 교수님'의 저서《논리로 푸는 사주명리학》에 바탕을 두었음을 밝혀 둔다.

필자가 2004년(1인당 국민소득 13,000불)부터 와인 강의를 시작했는데, 와인 수강을 하시는 분들이 그때는 "불어를 알아야 하나요? 영어를 잘해야 들을 수 있는 것 아니에요?" 같은 질문들을 하곤 했다. 그에 대한 대답으로 에어컨을 만드는 기술은 알 필요가 없고, 에어컨을 켤 수 있는 스위치만 다룰 줄 알면 되듯이 좋은 사람들과 어울리는 와인을 골라서 드시는 정도의 와인 지식만 알면 된다고 설명했다.

요즈음에는 명리학도 강의를 시작하니, "명리학을 배우려면 한문을 알아야 하는데, 한문에는 자신이 없다"라고들 이야기한다. 그래서 명리학에 필요한 한문은 22개만 알면 된다고 설명한다.

천간(10개) : 甲乙丙丁戊己庚辛壬癸(갑을병정무기경신임계)
지지(12개) : 子丑寅卯辰巳午未申酉戌亥(자축인묘진사오미신유술해)

명리학을 혼자서 어렵게 공부하면 평생 해도 답이 안 나오는 것 같다. 내공이 깊은 스승님을 만나서 제대로 명리학을 배우시길 권해 드린다.

대자연에 사계절이 있듯이 사람들의 삶에도 이러한 흐름이 있다. 우리는 나아갈 때와 물러설 때를 알아 좋은 시절에는 항상 자신을 돌아보는 겸허함을 갖추고, 불리한 시기에는 느긋하게 기다리며 준비하는 여유를 갖춰야 한다. 많은 분이 이 책을 통해 명리학을 쉽게 이해하고, 자신의 때를 알아서 만만치 않은 인생에서 길을 찾기를 소망한다.

"오늘이 있기까지 배움을 주시는 담계 황주연 스승님과 석하 소재학 스승님 두 분께 깊은 감사를 드립니다."

신규영

2부

명리학 칼럼

3부

저자의 명리학 박사 논문 주요 내용

1부

긍정명리학
강의

명리학을
왜 배워야 하는가?

　명리학을 배우면 나를 알 수 있고, 상대방을 알 수 있다. 명리학은 선조들의 지혜였고, 옛날 왕궁에서도 천(天), 지(地), 인(人) 학문을 담당하는 학자들이 있었다. 인의 학문은 한의학이었고, 지의 학문은 풍수지리학, 천의 학문이 명리학이었다. 명리학을 담당하는 학자는 왕궁에 있을 때나 퇴직해서 낙향하더라도 함부로 입을 열면 안 됐다. 왜냐하면 사주에 왕이 될 사람이 나타나므로 누가 왕이 될 사주가 있다고 이야기하면, 그 사람을 왕으로 세우면서 권력다툼이 벌어지기 때문이었다.

　한의학은 1970년 전후부터 대중화되면서 사람들에게 인정받아왔고, 풍수지리학도 어느 정도 인정받고 있지만, 명리학은 아직도 사람들에게 인정받지 못했다. 사실 명리학은 귀족들이 공부하는 귀족 학문이었다. 그날 벌어서 그날 먹고사는 서민층들은 명리학을 공부할 수 있는 여건이 안 됐다.

명리학의 대가가 율곡 이이 선생님이셨다. "10년 뒤인 임진년에 왜구(임진왜란)들이 쳐들어올 것이니 십만양병설을 주장할 정도로 미래예측학인 명리학의 대가셨다.

명리학은 일제강점기에 들어서서 사주추명학으로 일본인들이 학문으로 발전시키며, 우리나라의 명리학을 미신화 시켰다고 전해진다. 그러나 이제는 한국, 중국, 일본 중에서 한국이 명리학 박사가 다수 배출되면서 명리학이 학문으로 더욱 발전하게 됐다.

인생을 살면서 운이 좋을 때가 있고, 운이 안 좋을 때가 있다는 것을 느꼈을 것이다. 운이 좋을 때는 용기가 필요하고, 운이 안 좋을 때는 점검이 필요하다. 이 운이 좋아질 때인지, 안 좋아질 때인지를 명리학에서 찾을 수 있다.

미래예측학 종류

미래예측학 종류는 점학과 상학과 명학으로 구분되는데, 점학은 직관으로 해서 맞을 수도 있고, 안 맞을 수도 있는 단점이 있다. 상학은 관찰로 하는데, 관상학과 풍수지리학이 대표적이다. 명학(사주명리학)은 일정한 규칙이 있어서 적중률이 높은 특징이 있다.

점학(직관) : 주역, 무속

상학(관찰) : 관상학, 풍수지리학

명학(규칙) : 사주명리학

명리학 규칙

태양을 중심으로 지구가 공전하는 것은 다 알고 있는 사실이다. 이 지구 공전 속도가 초속 29.8킬로미터로 돌고 있다. 지구가 1년 동안 공전을 하면서 24절기가 생기고, 계절이 일정하게 바뀐다. 그래서 우리는 계절이 바뀌는 것을 예측할 수 있다. 봄이 가면 여름이 오고, 여름이 가면 가을이 오고, 가을이 가면 겨울이 오고, 다시 봄이 온다.

지구가 자전하고 있다. 초속 460미터씩, 태양을 보면서 돌면 낮이고, 태양을 등지고 돌면 밤이다. 지구가 자전하는데, 하루 걸려서 우리는 매일 낮과 밤을 보내고 있다. 여기서 생각할 점은 사실 지구가 자전하고 있는데, 우리 눈에는 해가 뜨고 지는 것으로 보인다는 점이다. 그래서 눈에 보이는 현실이 전부가 아니라고 명리학자들은 이야기한다.

또 지구가 오대양 육대주가 있듯이 사람 몸에는 오장육부가 있다. 한의학에서는 그 사람의 사주를 참고하고, 맥박을 살펴봐서 처방하는 경향이 있다.

사주팔자

지구가 태양을 중심으로 공전하고 자전하면서 태어난 어느 시점을 좌표로 나타낸 것이 사주팔자인 것을 사람들은 잘 모른다. 실제로 필자가 여러 군데 강의하면서 사주팔자가 무엇인지 설명하면 대부분 모르고 있었다. 듣고 나서는 "아, 이것이 사주팔자이군요" 했다. 어떻게 사주팔자가 나온 줄도 모르고, 평소에 많이 쓰고 있었다는 것이다.

사주팔자는 지구상의 특정 지점에 대한 태양과의 상관관계를 기호로 표시한 것이다. 만세력은 태어난 연월일시에 대한 사주팔자를 기록해놓은 책인데, 요즈음에는 앱으로도 많이 볼 수 있다. 필자가 공부하면서 여러 개의 앱을 사용해봤는데, 그중 정확한 앱은 원광디지털대학교에서 만든 무료 앱, '원광만세력'이다. 그래서 필자도 원광만세력을 주로 사용하고 있다. 안드로이드 플레이스토어 또는 애플 앱스토어에서 '원광만세력' 앱을 다운받아서 본인의 생년월일시를 입력하면 본인의 사주팔자를 알 수 있다. 다음의 데이터는 필자의 사주팔자다.

만세력								
남자	(양) 1960년 03월 19일		21:10		대한민국 (-30분)		명조비교	
	(음) 1960년 02월 22일							
	(正) 1960년 03월 19일						신살보기	
	驚蟄 1960년 03월 05일		22:07					

상관	일원	상관	편재
己	丙	己	庚
亥	午	卯	子
편관	겁재	정인	정관

木(1)	火(2)	土(2)	金(1)	水(2)
戊甲壬	丙己丁		甲乙	壬癸

86	76	66	56	46	36	26	16	6
戊	丁	丙	乙	甲	癸	壬	辛	庚
子	亥	戌	酉	申	未	午	巳	辰

2026	2025	2024	2023	2022	2021	2020	2019	2018	2017	2016	2015
丙	乙	甲	癸	壬	辛	庚	己	戊	丁	丙	乙
午	巳	辰	卯	寅	丑	子	亥	戌	酉	申	未
67	66	65	64	63	62	61	60	59	58	57	56

만세력

만세력에서 생년월일 바로 아랫부분을 보면 오른쪽부터 연, 월, 일, 시인데, 위아래 기둥이 있어서 연주, 월주, 일주, 시주라고 불리는 '사주'가 있다. 그리고 글자가 위아래 총 8개가 있어서 '팔자'라고 하는데, 이 데이터를 '사주팔자'라고 한다.

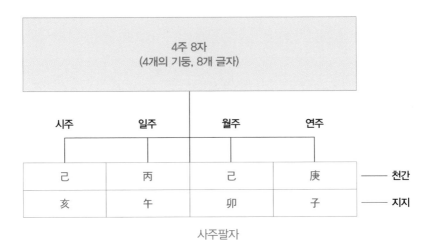

사주팔자

8개의 글자 중 윗부분을 '천간'이라 하고, 아랫부분을 '지지'라고 부른다. 천간은 '갑을병정무기경신임계' 10개로 나누며, 지지는 '자축인묘진사오미신유술해' 12개로 나눈다. 천간은 하늘의 기운, 마음을 뜻하고, 지지는 땅의 기운, 현실로 풀이된다. 사주팔자를 세부적으로 분석하는 방법은 다음 장에서 논하기로 한다.

오행, 천간, 지지

　명리학은 계절학에서 시작됐다. 지구가 태양을 공전하면서 봄, 여름, 가을, 겨울이 있듯이 처음에는 사계절부터 시작되어서 봄, 여름, 가을, 겨울을 물상에 대입해보니 봄은 나무가 자라는 기운 목(木), 여름은 불같이 뜨겁고 확 번지는 불같아서 화(火), 가을은 열매를 맺어서 딴딴한 열매와 같아 금(金), 겨울은 물과 관련 있어 수(水), 그리고 지구가 뜨거웠다가 차가워지면 폭발하거나 쪼개질 수 있으니 틈 들이는 환절기 개념으로 대지 토(土)를 쓰기 시작했다. 그래서 봄은 목(木)으로, 여름은 화(火), 환절기는 토(土), 가을은 금(金), 겨울은 수(水)로 쓰기 시작했다.

　모든 만물은 음양이 있기에, 천간도 오행을 음양으로 나누어서 10

개로 구분한다. 봄(木)은 양을 갑(甲)으로, 음을 을(乙)로 나누고, 여름(火)은 양을 병(丙)으로, 음을 정(丁)으로 나누고, 환절기(土)는 양을 무(戊)로. 음을 기(己)로 나누고, 가을(金)은 양을 경(庚)으로, 음을 신(辛)으로 나눈다. 그리고 겨울(水)은 양을 임(壬)으로, 음을 계(癸)로 나눈다.

명리학을 공부하다 보면, 10개 천간을 오행으로 나누면 쉽게 이해하는데, 지지 12개는 오행으로 나누기가 어렵다고들 이야기한다. 혼자 공부하다 보면 막히는 부분의 첫 번째가 지지 12개를 5행으로 나누는 부분이다. 지지 12개를 5가지 오행으로 나눌 때 참고할 점은 사계절마다 계절이 바뀌는 환절기가 있듯이 사계절 3번째 지지가 환절기인 토(土)로 배치된다는 것이다.

봄(木) 인묘진의 진(辰)이 토(土)로, 여름(火) 사오미의 미(未)가 토(土)로, 가을(金) 신유술의 술(戌)이 토(土)로, 겨울(水) 해자축의 축(丑)이 토(土)로 나누어진다.

오행	봄(木)		여름(火)		환절기(土)		가을(金)		겨울(수)	
천간	甲	乙	丙	丁	戊	己	庚	辛	壬	癸
지지	寅	卯	巳	午	辰, 戌	丑, 未	申	酉	亥	子

오행, 천간, 지지

사주팔자의
자리 분석

사주팔자의 위치에 따라 이름이 있다. 앞서도 이야기했지만, 위의 글자를 천간이라고 한다. 연주의 천간을 연간, 월주의 천간을 월간, 일주의 천간을 일간, 시주의 천간을 시간이라고 한다. 아래 글자는 지지라고 해서 연주의 지지를 연지, 월주의 지지를 월지, 일주의 지지를 일지, 시주의 지지를 지지라고 한다. 여기서 제일 중요한 것은 본인 자리인데 일간을 본인 자리로 본다.*

---

* 10세기 중반 기준으로, 그 이전 고법 명리에서는 가문 중심 사회체제에서 비롯되는 연주 체계의 명리였으나, 그 이후 자평 명리가 시작된 이래 오늘날에는 개인 능력이 중심이 되는 사회체제로 변화되면서 일주 위주의 명리 간명 체계로 바뀌었다.

일간 아래에 있는 일지는 배우자이고, 월지는 직업, 습관이다. 연주는 조상, 월주는 부모 형제, 시주는 자식 자리로 분석한다.

시주	일주	월주	연주	
시간	일간 (본인)	월간	연간	천간
시지	일지 (배우자)	월지 (직업, 습관)	연지	지지

사주팔자의 위치에 따른 이름

한편 학자에 따라 좀 다르지만, 연주를 인생의 20세까지, 월주를 인생의 20~40세까지, 일주를 인생의 40~60세까지, 시주를 60세 이상 말년의 기운으로 분석하기도 한다.

사주팔자에서
오성 십신(육친)이란?

　본인의 사주팔자를 관련 앱에서 보게 되면, 위아래 써 있는 편재, 정재, 식신, 상관, 편관, 정관, 편인, 정인, 비견, 겁재는 사주 분석의 기초가 되는 개념으로, 오성 십신으로 하는데, 일명 '육친'이라고 불리운다. 철학관에 가서 상담하게 되면 재물, 결혼, 자식, 명예, 문서 기운 등 이 육친 자료를 갖고 주로 이야기하는 경향이 있다.

　십신은 일간을 기준으로 타간(지지의 경우 지장간의 정기 기준)과의 관계를 나타내는 것으로 사주의 특징, 가족 관계(육친) 등을 분석하는 기초 자료가 된다. 오행의 생극제화(生剋制化) 개념에서 출발한 것으로 인성, 재성, 관성, 식상성, 비겁성의 5가지가 있고, 음양으로 나누어 십신이라고 한다.

1. 비겁성(比劫星) : 비견(比肩), 겁재(劫財)

일간과 같은 오행으로 주로 행동적인 특성이 강하게 나타나며, 자신의 가치 기준에 따라 움직이는 특성이 강하다. - 순수오행 목(木)의 특성.

일간과 음양이 같으면 '비견'이라고 하고, 음양이 다르면 '겁재'라고 한다. 통상 형제자매나 친구 동료를 의미한다.

2. 식상성 (食傷星) : 식신(食神), 상관(傷官)

일간이 생(生)해주는 오행으로 자기 표현력이 뛰어나고 예술적 재능이 많으며, 이상주의적인 정신세계를 추구하는 경향이 많다. - 순수오행 화(火)의 특성.

일간과 음양이 같으면 '식신'이라고 하고, 음양이 다르면 '상관'이라고 한다. 통상 자기 작품이나 부하직원, 제자 등을 의미하며, 여성에게는 자녀를 의미한다.

또한, '논리로 푸는 사주 명리학 석하명리'에서는 식신과 상관이라는 명칭 외에 일간과 음양이 같고 다름과 관계없이 식상성 자체의 음양을 기준으로 해서 식상성이 양이면 양식(陽食), 음이면 음식(陰食)이라고 부른다.

3. 재성(財星) : 편재(偏財), 정재(正財)

일간이 극(剋)하는 오행으로 주로 현실 감각, 재물 감각이 뛰어나고 성실하며, 실리적인 성향을 나타낸다. - 순수오행 토(土)의 특성.

일간과 음양이 같으면 '편재'라고 하고, 음양이 다르면 '정재'라고 한다. 통상 재물을 상징하며, 부친을 의미하고, 남자에게는 처나 여자를 의미한다.

4. 관성(官星) : 편관(偏官), 정관(正官)

일간을 극(剋)하는 오행으로 강인한 기질을 의미하며, 은연중에 타인을 제압하는 기상이 나타난다. - 순수오행 금(金)의 특성.

일간과 음양이 같으면 '편관'이라고 하고, 음양이 다르면 '정관'이라고 한다. 통상 벼슬이나 직장 등을 상징하며, 남자에게는 자식, 여자에게는 남편이나 남자를 의미한다.

5. 인성(印星) : 편인(偏印), 정인(正印)

일간을 생(生)해주는 오행으로 주로 논리적인 특성을 나타내며, 지식추구의 성향이 강하고 현실적 정신세계를 추구하게 된다. - 순수오행 수(水)의 특성.

일간과 음양이 같으면 '편인'이라고 하고, 음양이 다르면 '정인'이라고 한다. 통상 학문이나 공부를 상징하며, 어머니와 선생님 등을 의미한다. 또한, 문서를 의미하기도 한다.

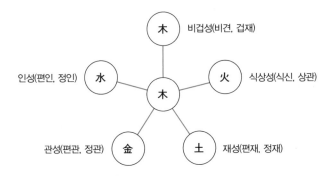

구분	남	여	공통
비견, 겁재	며느리	시아버지	형제자매, 친구, 동료, 자존감
식신, 상관	장모, 손자, 손녀	아들, 딸	의식주, 언어, 활동력, 건강
편재, 정재	아내(여자)	시어머니	재물, 아버지
편관, 정관	아들, 딸	남편(남자)	직장, 명예
편인, 정인	어머니	어머니	학문, 문서 공부(편인 끼)

오성 십신

지장간이란?

1. 지장간(支藏干) 개요

지지는 천간의 오행 기운이 하나, 둘, 또는 셋이 모여 하나의 지지를 이루게 되며, 이렇게 지지를 이루는 천간 오행의 수대로 변화를 일으킨다. 지장간은 이렇게 지지를 이루며 지지 속에 감추어져 있는 천간을 말하는데, 12지는 모두 1개 이상의 지장간을 가지고 있으며, 이 지장간의 작용에 의해 각종 변화를 가져온다.

12지는 인신사해(寅申巳亥)의 맹지(孟支)와 자오묘유(子午卯酉)의 왕지(旺支)와 진술축미(辰戌丑未)의 고지(庫支)가 결합해 동방의 인묘진, 남방의 사오미, 서방의 신유술, 북방의 해자축으로 나누어져 있다.

만세력					
남자	(양) 1960년 03월 19일		21:10	대한민국 (-30분)	명조비교
	(음) 1960년 02월 22일				
	(正) 1960년 03월 19일				신살보기
	驚蟄 1960년 03월 05일		22:07		

상관	일원	상관	편재
己	丙	己	庚
亥	午	卯	子
편관	겁재	정인	정관

木(1)	火(2)	土(2)	金(1)	水(2)
戊甲壬	丙己丁		甲乙	壬癸

86	76	66	56	46	36	26	16	6
戊	丁	丙	乙	甲	癸	壬	辛	庚
子	亥	戌	酉	申	未	午	巳	辰

2026	2025	2024	2023	2022	2021	2020	2019	2018	2017	2016	2015
丙	乙	甲	癸	壬	辛	庚	己	戊	丁	丙	乙
午	巳	辰	卯	寅	丑	子	亥	戌	酉	申	未
67	66	65	64	63	62	61	60	59	58	57	56

만세력에서의 지장간

지지	寅	卯	辰	巳	午	未	申	酉	戌	亥	子	丑
지장간	戊丙甲	甲乙	乙癸戊	戊庚丙	丙己丁	丁乙己	戊壬庚	庚辛	辛丁戊	戊甲壬	壬癸	癸辛己

지지의 소속 지장간

☞ 지지 인(寅)을 보면 외형으로 목(木)의 형상을 하고 있지만, 그 속에는 병화(丙火)와 갑목(甲木)이 지장간으로 들어 있기에 상황에 따라 목(木)의 역할도 할 수 있고, 화(火)의 역할도 할 수 있게 된다.

☞ 진(辰)은 지장간으로 을목(乙木)과 계수(癸水)와 무토(戊土)를 가지고 있어 상황에 따라 목(木)의 역할과 수(水)의 역할과 토(土)의 서로 다른 3가지 역할을 하게 된다. 즉 지지 사행으로 보면 목(木)이요, 지지 각각으로 보면 토(土)이고, 변화로 보면 수(水)가 되어 서로 다른 3가지 오행의 역할을 할 수 있게 된다.

☞ 지장간이 보이는 모습 외에 또 다른 내면을 가지고 있듯이 인간사 역시 보이는 모습 속에 감추어진 저마다의 사연들이 있다.

(예시사주 분석)
연지인 자(子)의 지장간 임계(壬癸)
월지인 묘(卯)의 지장간 갑을(甲乙)

일지인 오(午)의 지장간 병기정(丙己丁)

시지인 해(亥)의 지장간 무갑임(戊甲壬)

예시사주인 8가지 이외에도 지지에 감추어진 지장간의 기운들이 있다고 본다.

일간으로 보는
선천적 성향 분석

　사람을 만나거나 만날 예정인데, 그 사람에 대해서 정확히 알려면 사주를 분석하면 가장 좋다. 그러나 처음 만나는 사람에게 "생년월일시가 어떻게 되세요?"라고 물어보기는 쉽지 않다. 하지만 가장 중요한 '일간'만으로 성향을 어느 정도 알아볼 수 있다(사주팔자에서 일간 비중이 30~40%). 일간은 생일만 알아도 알 수가 있으므로, 비교적 남에게 묻기도 쉽다(다만, 음력인지 양력인지 알아야 한다).

1. 시간의 관점으로 정의하는 체·용의 개념

인간은 잠시도 쉬지 않고 흘러가는 시간 선상에 존재하며, 모든 인간사는 시간과 공간 속에서 이루어진다. 사주명리학 역시 시간과 공간의 학문이며, 과거를 바탕으로 이루어진 현재에서 미래의 상황들을 예측해 나가는 학문이다. 시간과 공간 중에서 먼저 시간의 관점에 대해 논해보자. 우리는 누구나 과거를 거쳐서 현재에 살고 있으며, 미래를 향해 끊임없이 가고 있는 시간의 흐름 선상에서 살아가게 된다. 현재의 모습은 과거의 선택과 행위를 통해 결정되고, 미래의 모습은 현재의 선택과 행위를 통해 결정된다. 즉 현재는 과거의 결과이며, 미래는 현재의 결과인 것이다. 그 때문에 어떤 상황이나 사람의 현재 보이는 모습 외에 과거의 모습을 상세하게 안다면, 현재의 모습을 보다 정확하게 파악할 수 있을 것이다.

동양에는 체(體)·용(用)이라는 개념이 있다. 사전적 의미로는 '사물의 본체와 작용', '사물의 본체와 현상'으로 되어 있다. 즉 일상적으로 현실에서 쉽게 보이는 것은 쓰임새로서의 '작용'이나 '현상'이며, 이것을 '용'의 개념이라고 할 수 있다. 직접적으로 보이지는 않지만, 작용이나 현상 이면에 존재하는 '원인', '본체' 또는 '본질'을 체의 개념이라고 할 수 있다.

이 체·용을 시간의 관점으로 분석해보면, 인지되는 현재의 모습은

'쓰임새' 및 '현상'으로 '용'이라고 할 수 있고, 현재의 모습이 존재하기 위한 원인이 되는 과거를 '체'라고 할 수 있다. 사주명리학에서도 사주와 대운의 관계에서 사주를 체로 대입할 때 대운을 용으로 대입해서 사용하고 있다.

시간의 관점에서 '현재' 및 '현재의 모습'을 용(用), '과거' 및 '과거의 모습'을 체(體)로 규정한다고 하자. 예를 들어 갑(甲)과 을(乙)이라는 사업가가 있다. 갑(甲)은 20년 동안 선생님을 하다가 막 사업을 시작했고, 을(乙)은 20년 전부터 사업을 해왔다고 할 때 현실의 모습과 명함은 그 기간이 1년이 채 안 되는 갑(甲)이나, 20년 사업을 한 을(乙)이나 둘 다 사업가다. 그러나 보이는 모습 이상의 좀 더 정확한 특성을 보면, 갑(甲)은 겉으로는 사업가지만, 내면적으로는 아직도 선생님의 성향이 강하게 남아 있을 것이다. 반면 을(乙)은 전형적인 사업가의 특성을 보일 것이다.

마찬가지로, 병(丙)과 정(丁)이 둘 다 현직 교사인데, 병(丙)은 운동선수를 하다가 교직에 들어선 지 1년 됐고, 정(丁)은 오래전부터 교직 생활을 했다면, 정(丁)은 전형적인 교사의 습성이 나타날 것이다. 그러나 병(丙)은 현직 교사이기는 하지만, 교사의 습성보다는 운동선수의 습성이 더 강하게 나타날 것이다.

이때 이들을 각각 시간의 관점인 체·용으로 구분해본다면 갑(甲), 을(乙)의 경우 용은 둘 다 사업가다. 그러나 체를 보면 갑(甲)의 체는 '선생님'이고, 을(乙)의 체는 '사업가'다. 즉 을(乙)은 체와 용이 동일한 사업가이기에 더 전형적인 사업가의 기질을 나타내지만, 갑(甲)은 체가 선생님이기에 용이 비록 사업가일지라도 사업가의 특성보다 선생님의 특성이 더 강하게 나타난다.

병(丙)과 정(丁)의 경우 역시 용은 둘 다 현재의 모습으로서 선생님이다. 그러나 병(丙)은 체가 운동선수요, 정(丁)은 체와 용이 모두 선생님이다. 그 때문에 정(丁)이 전형적인 선생님의 특성을 나타내지만, 병(丙)은 선생님의 특성보다 운동선수의 특성이 더 강하게 나타난다.

유형	대표 성향	세부 주요 성향
갑(甲)	합리적 중재자 (현실적 논리학자 B)	온화한 조정자, 신중한 현실파, 실리적 평화주의, 원리원칙, 현실적 중재자, 논리적 연구가, 명예
을(乙)	독자적 행동가 (순수무관 A)	독립적 행동주의, 강력한 지도자, 말보다 행동, 자존감, 즉흥적 행동가, 순수, 주도적 행동가
병(丙)	열정적 실천가 (순수무관 B)	열정의 리더십, 호기심, 즉흥적 행동가, 선봉대장, 분위기 메이커, 벼락대신(욱하는 성격)
정(丁)	이상적 예술가 (창조학자 A)	번뜩이는 지혜, 창의적 이상주의, 창조적 예술가, 공상가, 몽상가, 이상적 예술가, 화려함, 자기표출
무(戊)	창의적 발명가 (창조학자 B)	창조적 독창적, 개성, 예술적 재능, 감수성, 낙천적 사색, 실용적인 아이디어
기(己)	성실한 노력가 (현실적 실리주의자)	성실한 현실가, 합리적 리더십, 신중한 현실가, 실용적 행동가, 실리 중심적, 현실적 중재자
경(庚)	실리적 통제자 (실리적인 무관)	꼼꼼한 노력가, 강압, 실리적 노력가, 통제력, 카리스마, 억압, 인내

유형	대표 성향	세부 주요 성향
신(辛)	규범적 개혁가 (이상적 통제무관 A)	이상적 행동가, 합리적인 리더십, 준법정신, 원리원칙, 완벽 추구, 순발력, 이상적 통제자
임(壬)	활달한 개척가 (이상적 통제무관 B)	재치 있는 모험가, 선동가, 은근한 멋, 자기주장, 표출, 임기응변, 화술, 즉흥적 행동가
계(癸)	논리적 사색가 (현실적 논리학자 A)	신중한 사색가, 논리적 학자, 수학적, 현실적, 균형감각, 논리적 사색 이치탐구, 연구가, 명예

일간으로 보는 선천적 성향 분석

운동 형태로 분석하는
오행의 3가지 기질적 특성

오행의 기본 개념과 일반 개념에 대한 분석을 통해 동적인 '무관 특성', 정적인 '학자 특성', 현실적인 '실리 특성', 이 3가지 기질적 특성을 나누고 유추해본다.

1. 목(木) : 무관 특성

목(木)은 오행 운동의 시작이다. 처음으로 움직이기 시작하는 것을 의미하며, 모든 시작에는 강한 동력이 필요하다. 이 때문에 오행의 일반적 개념의 내용을 보면 목(木)을 강한 동력이라고 표현했다. 또한 목(木)의 대표적인 개념 중 하나가 분출하는 폭발력이다. 이렇게 목(木)은 동적인 성향이 강하기에 무관 특성으로 정의하고 있다.

2. 화(火) : 학자 특성

화(火)는 강하게 분출하고 뻗어가는 목(木)의 운동을 이어받아 속도를 줄이며 분산 운동을 하는 과정이다. 목(木)의 직선 운동을 그대로 따르지 않고 횡으로 이동하는 운동을 했기에 시점으로부터 멀어진 이동거리는 목(木) 운동에 비해 상대적으로 적게 된다. 즉 목(木)의 운동이 순수 직진 운동인 데 비해, 화(火)의 운동은 직진 운동에 횡적 이동을 겸한 분산 운동이라고 할 수 있다. 물론 화(火)도 동적인 운동이기는 하지만, 목(木)에 비해 운동성이 약하기에 정적이라고 할 수 있으며, 인생에서도 이제 막 세상을 알아가는 꿈 많은 청소년기에 해당해 학자 특성으로 정의하고 있다.

3. 토(土) : 실리 특성

토(土)의 운동은 '목·화(木·火)'와 '금·수(金·水)'의 중간에 있으며, 다른 운동과 달리 거리 변화가 없고, 단지 '목·화(木·火)'의 뻗어가는 직진 운동을 '금·수(金·水)'로 복귀하는 수렴 운동으로 바꾸어주는 변환점 역할만 하게 된다. 반면 오행 운동을 시간적 관점이 아닌 공간적 관점으로 분석해보면, 시점 a에서 바라볼 때 가장 정면으로 보이는 것이 토(土)의 운동 구간이다. 오행의 일반적 개념에서는 청소년기의 이상에서 깨어나 현실을 깨닫고 성실하게 사는 중년기에 해당하며, 1년 중 만물이 결실을 보기 시작할 때로 결실을 의미한다. 이 때문에 토(土)의 대표적 성향을 현실적인 실리 특성으로 정의하고 있다.

4. 금(金) : 무관 특성

금(金)은 시점으로부터 멀어지는 운동인 목·화(木·火)의 운동이 토(土)를 거쳐 방향이 전환되어 시점을 향해 돌아오는 복귀 운동이 된다. 목(木)의 운동이 처음 시작이기에 동적이었다면, 금(金)의 운동은 목·화(木·火)의 직진 운동이 잠시 멈추었다가 다시 시작되는 복귀 운동의 시작이기에 동적이라고 할 수 있다. 이 때문에 금(金)의 대표적 성향을 무관 특성으로 정의하고 있다.

5. 수(水) : 학자 특성

복귀 운동의 시작인 금(金)의 운동을 이어받아 방향이 바뀌어 시점으로 원상 복귀하는 원위치 운동이다. 목(木)의 운동을 이어받는 화(火)의 운동과 마찬가지로 금(金)의 운동을 그대로 이어받는 수(水) 운동 역시 동적이기는 하지만, 금(金)에 비해 상대적으로 정적이라고 표현한다. 인생에서는 풍부한 삶의 지혜를 간직한 노년기에 해당한다. 이 때문에 수(水)의 대표적 성향을 학자 특성으로 정의하고 있다.

운동 형태로 나눈
오행의 5가지 기질적 특성

이렇게 오행의 기본개념과 일반개념에 대한 분석을 통해 유추해낸 동적인 '무관 특성', 정적인 '학자 특성', 현실적인 '실리적 특성', 이 3가지 기질적 특성을 구체화해서 '목(木)의 순수무관', '화(火)의 창조학자', '토(土)의 실리 특성', '금(金)의 통제무관', '수(水)의 논리학자'의 5가지 기질적 특성으로 구분하고 유추해본다.

1. 목(木) : 무관 특성 – 순수무관

목(木)은 오행 운동이 처음으로 움직이기 시작하는 강한 동력이며, 분출하는 폭발력을 의미하기에 대표적인 기질이 무관 특성이라고 했다. 또 음양오행을 처음 배울 때, 목(木)은 인생을 막 시작하는 유년기에 해당해 아직 세상 물정 모르는 어린아이에 비유할 수 있다. 또한, 같은 무관 특성인 금(金)은 화(火)의 분산지기를 수렴하는 통제적 성향이 강하지만, 목(木)은 대상이 없이 그래도 뻗어 나가는 기상이다. 이 때문에 목(木)을 금(金)과 목(木)의 무관 중에서 금(金)에 상대적으로 '순수무관'이라고 정의한다.

2. 화(火) : 학자 특성 – 창조학자

화(火)는 목(木)의 운동을 이어받아 속도를 줄이며 분산 운동을 하는 과정이며, 인생에서 이제 막 세상을 배워가고 알아가는 꿈 많은 청소년기에 해당하기에 학자 특성이라고 했다. 이제 세상을 배우기 시작하는 청소년기에는 꿈도 많고 이상도 많으며 생각도 많다. 이 때문에 화(火)는 순수하기도 하고, 이상주의적이기도 하며, 아직 굳어진 틀이 없기에 창조적이기도 하다. 이상주의적이고, 창조적인 화(火)의 기질적 특성을 학자 중에서 '창조학자'로 정의하고 있다.

3. 토(土) : 실리 특성

토(土)의 운동은 목·화(木·火)와 금·수(金·水)의 중간에 있으며, 목·화(木·火)의 뻗어가는 직진 운동을 금·수(金·水)의 복귀하는 수렴 운동으로 바꾸어주는 변환점 역할을 한다. 그래서 청소년기의 이상에서 벗어나 현실 속에서 성실하게 사는 중년기에 해당하고, 만물이 결실을 보기 시작할 때이기에 성실하고 현실적인 기질의 '실리 특성'으로 정의한다. 3가지 특성 분류의 해석에서 크게 벗어나지 않는다. 이른바 '공무원 같다'라고 하는 기질이라고 볼 수 있으며, 일정한 루틴을 바람직하게 여긴다.

4. 금(金) : 무관 특성 - 통제무관

금(金)의 운동은 목·화(木·火)의 직진 운동이 잠시 멈추었다가 다시 시작되는 복귀 운동의 시작이기에 금(金)의 대표적인 성향이 무관 특성이라고 했다. 금(金)은 한껏 분산되어 있는 화(火) 운동을 수렴해 축소시

켜 나가기에 통제적인 성향을 가지고 있다. 인생에서는 장년기로, 사회 각 분야에서 사람들을 통제하는 관리자의 위치에 있게 되는 시기이기도 하다. 이 때문에 금(金)을 무관 특성 중에서도 통제적 성향이 강한 '통제무관'이라고 정의한다.

5. 수(水) : 학자 특성 – 논리학자

복귀 운동의 시작인 금(金)의 운동을 이어받아 방향이 바뀌어 시점으로 원상 복귀되는 운동으로, 인생에서는 풍부한 삶의 지혜를 간직한 노년기에 해당한다. 이 때문에 수(水)의 대표적인 성향을 학자 특성이라고 했다. 수(水)는 이미 충분한 지식을 갖추고 있는 노인의 때로, 그 행동이 신중하며 생각이 깊다. 세상을 막 배우기 시작한 시기로서 사전 지식이 충분하지 않은 화(火)의 경우는 학문을 비판 없이 받아들이기가 비교적 쉽지만, 이미 많은 경험을 가진 수(水)의 경우는 어떤 사실을 쉽게 받아들이지 못하고 의심이 많으며, 자신의 지식으로 직접 확인을 한 후에 받아들이게 된다. 이 때문에 논리적인 성향을 나타내게 되며, 검증과 확신이 필요한 학문에 적절하다. 여기서는 수(水)의 대표적 특성을 학자 중에서도 '논리학자'로 정의하고 있다.

일간 (日干)	갑(甲)	을(乙)	병(丙)	정(丁)	무(戊)	기(己)	경(庚)	신(辛)	임(壬)	계(癸)
체(體)	논리 학자	순수 무관	순수 무관	창조 학자	창조 학자	실리 특성	실리 특성	통제 무관	통제 무관	논리 학자
용(用)	순수 무관	순수 무관	창조 학자	창조 학자	실리 특성	실리 특성	통제 무관	통제 무관	논리 학자	논리 학자
대표 적인 복합 성향	논리 학자	순수 무관	순수 무관	창조 학자	창조 학자	실리 특성	실리 특성	통제 무관	통제 무관	논리 학자

체·용 개념을 통해 분석하는 일간(日干)의 대표적인 복합성향

천간 흐름의
겉보기 운동과 속보기 운동

　오행과 십간의 흐름을 보면 양간은 양간끼리 서로 극(剋)과 생(生)을 하고, 음간은 음간끼리 서로 극과 생을 하는 것처럼 보인다. 즉 천간은 서로 극과 생을 통해 갑(甲) → 을(乙) → 병(丙) → 정(丁) → 무(戊) → 기(己) → 경(庚) → 신(辛) → 임(壬) → 계(癸)의 순으로 변화(흐름)하는 것처럼 보인다. 이것이 천간의 겉보기 운동이다.

　이렇게 천간은 겉으로는 서로 극과 생을 하면서 흐르는 것처럼 보이지만, 속으로는 양간은 극하는 오행의 음간과 합(合)하고, 음간은 생하는 오행의 양간으로 화(化)하면서 흐르게 된다. 이것이 천간의 속보기 운동이다.

즉 겉으로는 천간 갑(甲) → 을(乙) → 병(丙) → 정(丁) → 무(戊) → 기(己) → 경(庚) → 신(辛) → 임(壬) → 계(癸), 오행 목(木) → 화(火) → 토(土) → 금(金) → 수(水)의 순서로 흐르는 것처럼 보이지만, 속으로는 천간 갑(甲) → 기(己) (합) → 경(庚) → 을(乙) (합) → 병(丙) → 신(辛) (합) → 임(壬) → 정(丁) (합) → 무(戊) → 계(癸) (합) → 갑(甲)의 순으로 흐르게 된다.

이때 목(木)의 운동으로 살펴보면, 갑(甲)과 을(乙)의 변화 과정 중에 기(己)와 경(庚)으로 토(土)와 금(金)의 기운이 내포되어 있게 되듯이 하나의 오행 운동 중에 오행원상 마주 보며 상반되는 2개의 오행 기운을 내포하게 된다.

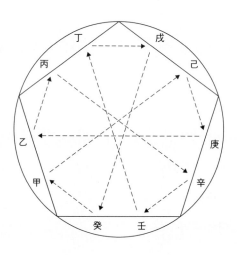

천간 흐름의 새로운 메커니즘

천간의 이러한 겉보기 운동과 속보기 운동은 운의 흐름에 대한 분석 시에 겉으로는 희신대운(喜神大運)에 해당하더라도 일시적으로 불행의 시기가 있을 수 있으며, 반대로 겉으로는 기신대운(忌神大運)에 해당하더라도 일시적으로 행운의 시기가 있다는 것을 설명할 수 있는 근거가 된다.

남자에게 관성이 자녀가 되는 원리

매 양간은 자신이 극하는 오행의 음간과 합을 하게 되고, 이의 결과로서 변화한 오행의 극을 받게 된다. 즉 목(木)의 양간인 갑목(甲木)은 자신이 극하는 토(土)의 음간인 기토(己土)와 합해 경금(庚金)을 낳게 된다.

이를 인간사 부모와 자식 간에 비유해보면, 남자는 직접 자식을 낳을 수가 없어 여자를 통해서만 자녀를 생산할 수가 있듯, 경금(庚金)은 남자의 자식에 해당하며, 여자에 해당하는 을목(乙木)은 남자에 해당하는 관성 경금(庚金)과 합해 자식인 병화(丙火)를 낳게 된다. 그런데 을목(乙木)이 낳은 이 병화(丙火)는 을목(乙木) 입장에서는 자신이 생(生)해준 식상(食傷)에 해당하지만, 남자인 갑목(甲木)의 입장에서 보면 경금(庚金)은 자신을 극하는 관성(官星)에 해당한다. 이 때문에 여자에게는 식상이 자녀가 되지만, 남자에게는 관성이 자녀가 되는 것이다.

즉 새롭게 밝혀진 천간 흐름의 메커니즘을 통해 왜 하필 남자에게 인성(印星)이 아닌, 관성이 자녀에 해당하는지에 대한 원리가 설명되는 것이다. 그뿐만 아니라, 이같이 새롭게 밝혀진 천간 흐름의 메커니즘은 양간과 음간의 속성을 분석할 수 있는 새로운 기준이 될 수 있으며, 10천간의 드러나는 속성과 감추어져 있는 속성을 파악할 수 있는 기준이 되고, 운(運)의 해석 시에 절대운(絶對運)과 상대운(相對運)을 구분하는 근거 중 하나가 될 수 있다.

석하명리의
사주 분석 기본 용어

명리학을 공부하면서 다양한 이론을 배웠다. 어떤 때는 현실을 나타내는 지지를 기본으로, 어떤 때는 천간을 기본으로 지지에 통근하는 이론도 배웠다. 여기에서는 현재 배우고 있는 후자의 1호 명리미래예측학 박사이신 석하 소재학 스승님의 석하명리의 사주 분석 기본 용어를 소개한다.

사주를 분석할 때 가장 필요로 하면서 어려운 것은 '격'과 '용(용신)'을 구분하는 것인데, 석하명리에서는 간단하고 확실하게 구분이 되는 장점이 있다.

격(格)

격은 사주 분석의 가장 기본이 되는 용어로, 통상 사주에서 가장 강한 세력을 의미하며, 사주의 특성과 개략(槪略)을 정의하는 개념이다.

이 격을 격국(格局)이라고 부르기도 하며, 연해자평이나 자평진전 등 일부 고전이나 서적에서는 격을 월지(月支) 또는 월령(月令)을 득(得)한 개념으로 봐서 현대적인 의미의 용신(用神)과 동일하게 보는 견해도 있다.

석하명리에서의 격은 사주에서 가장 강한 세력으로, 사주체의 개략적인 특성을 나타내는 개념으로 사주 분류의 기준이 된다.

격의 개념과 역할

격이라는 용어는 사주 분석 및 분류의 기준으로 사용되기도 하고, 사주 분석의 기본 틀로 사용되기도 한다.

사주 분석 및 분류의 기준으로 사용될 때는 내격과 외격의 십신별 특성에 따른 격으로 구분할 수 있다. 또한, 격은 사주에서 가장 강한 세력으로 사주의 대표적인 특성을 나타내며, 내격에서는 최대 기신이 되고, 종격이나 화기격에서는 용신이 된다.

1. 분류의 기준

사주를 분석하는 기준으로 크게 내격(일반)과 외격(종격, 화기격)으로 분류되고, 세부적으로는 각 십신에 따른 격으로 구분된다.

2. 사주에서 가장 강한 세력

사주 내에서 가장 강한 세력으로 그 사주의 대표적 특성이 된다.

3. 최대 기신

내격의 경우 사주에서 가장 강한 세력이 최대 기신 파(破)가 된다.

4. 용신(용)

종격의 경우에는 사주에서 가장 강한 세력인 격이 곧 용신이 된다.

통근에 따른 격의 구분

통근은 사주를 분석하기 위한 가장 기초적인 개념으로, 사주팔자 내에서 천간이 동일한 오행의 지장간(지지에 숨어 있는 천간의 기운)을 가지고 있는 지지를 만났을 때를 의미하며, 통상 지지에 근을 하고 있다고 표현한다.

0 丙 庚 0

0 0 戌 0

위 사주의 경우 월지의 정기를 따져 식상격으로 분류하기도 하고, 절입일을 따져 절입 9일 이내일 때는 신금(辛金) 당령으로 정재격, 12일까지는 정화(丁化) 당령으로 비겁격(또는 록격), 13일 이후는 무토(戊土) 당령으로 식상격이라고 보는 견해도 있다.

'논리로 푸는 사주명리학 석하명리'에서는 사주학은 기(氣)의 학문으로 보아 천간과 지지의 통근 유무를 확인해서, 활성화된 천간의 향배에 따라 격 또는 세력의 강약을 정한다.

위 사주의 경우 월간의 경금(庚金)이 월지 술토(戌土)의 지장간 신금(辛金)에 근(根)을 하고 드러나 있어 양재격(양일간의 편재격) 또는 양재(양일간의 편재)가 가장 강한 세력으로 구분된다.

용(用), 용신(用神)

용 또는 용신이라고도 하고, 통상 사주에서 가장 필요로 하는 요소를 의미하며, 사주 분석의 근간이 되고, 사주체의 특성 해석에 대한 기초가 된다. 용신을 오행으로 구분하는 경우가 있고, 구체적인 십간으로 구분하는 경우가 있는데, 석하명리에서의 용신은 활성화된 천간을 의미한다.

용신이라 할 때의 신(神)은 절대자 또는 초월적 존재의 신(God)을 의미하는 것은 아니다. 여기에서의 신(神)은 십신(十神), 희신(喜神), 기신(忌神) 등에서와 마찬가지로 사주에서 일간과 관계된 십간의 명칭을 의미한다.

희신(喜神)과 기신(忌神)

1. 희신

사주에서 필요로 하는 오행으로 넓은 의미로는 용신 오행을 포함해 통상 2개(인성과 비겁) 또는 3개(식상, 재성, 관성)의 오행을 말하며, 좁은 의미로는 넓은 의미의 희신 오행에서 용신 오행을 제외한 나머지 희신 오행을 말한다.

2. 기신

사주에서 기피하는 오행으로 넓은 의미로는 최대 기신 오행을 포함해 통상 2개(인성과 비겁) 또는 3개(식상, 재성, 관성)의 오행을 말하며, 좁은 의미로는 넓은 의미의 기신 오행에서 최대 기신 오행을 제외한 나머지 기신 오행을 말한다.

한신(閑神/ 閒神)과 약신(藥神)

1. 한신

사주에서 기뻐하는 희신이나 기피하는 기신 중에서 기뻐하고 기피하는 정도가 비교적 적은 오행으로, 식상성이나 관성 중 하나에 해당한다.

2. 약신

본래는 기신군에 속하는데 사주의 특성상 희신 역할을 하는 경우로, 통상 양의 식상(양일간 기준 식신, 음일간 기준 상관)과 음의 관성(양일간 기준 정관, 음일간 기준 편관)에 해당한다.

신강신약(身强身弱)

1. 신강신약의 개념

사주 분석의 가장 기본적인 개념으로 일간(日干)을 생(生)해주는 인성과 비겁의 힘을 합한 세력과 일간을 설기 또는 억제하는 식상성, 재성, 관성의 힘을 합한 세력을 비교해 일간 측이 강하면 '신강'이라고 하고, 반대로 일간 측이 약하면 '신약'이라고 한다.

2. 신강과 신약에 대한 오해

일각에서 신강사주라고 하면 사주체의 몸이 강건한 것으로 생각하고, 신약사주라 하면 사주체의 몸이나 체력이 약한 것으로 보는 사례가 있다. 여기에서 신강과 신약이란 일간을 기준으로 한 오행의 세력을 의미하는 것으로, 실제 사주체의 체격이나 체력과는 직접적인 관계가 없다.

통변(사주 분석)의
자세

통변은 태어난 생년월일시를 통해 한 인간의 고유한 성격과 기질적 특성을 명확히 파악하고, 이를 토대로 전반적인 인생에 관한 운명적인 큰 흐름을 읽으며, 제한된 시기별 운을 예측한다. 그럼으로써 시기별로 삶이라는 인생 자체를 가능한 한 지혜롭고 현명하게 살 수 있도록 사주 분석을 해주는 것을 의미한다.

그 때문에 사주팔자를 제대로 정확히 분석하고 이해하며 명쾌하게 해석할 수 있는 능력을 지칭하는 '사주팔자의 통변'이야말로 사주팔자의 핵심이자 목적 그 자체다.

하지만 사주팔자를 정확하고 명쾌하게 통변하는 사람들은 그리 많지 않은 것 같다. 우리나라에도 사주팔자 관련 현업에 종사하는 사람들이 30만 명이 넘는다는 통계도 있다. 명리학 공부를 조금하고도 대충 남의 사주를 통변해주는 일들이 비일비재한 것이 현실이다. 생년월일시 데이터는 같은데, 풀어주는 통변 결과가 다 다르니 신뢰성이 떨어지는 점도 크다.

명리학 공부를 어느 정도 하든지, 남의 인생의 중요한 사주 통변을 해줄 때는 다음과 같은 통변 자세를 제시한다.

1. 통변은 사주명리학의 마지막이자 사주 해석의 꽃이다.
2. 통변은 종합예술이다.
3. 통변은 맞추기가 아니라, 미래의 사정을 예측함을 제일 우선한다.
4. 통변 시에는 마지막까지 사람을 살리는 방안을 강구해야 한다 (긍정명리학).
5. 최고의 통변은 최선의 답이 아니라, 사람을 진실로 사랑하는 자세다.

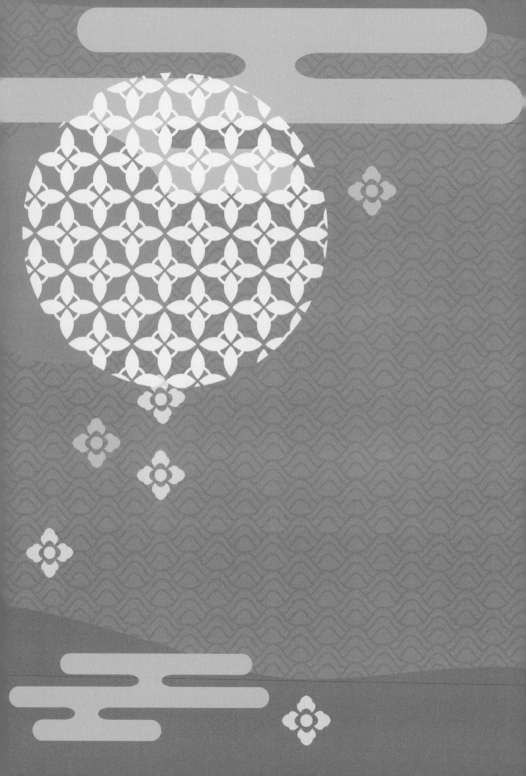

2부

명리학
칼럼

운명과 성품으로
'나'를 알자

필자도 명리학을 배우기 전에는 명리학을 그냥 흔히 이야기하는 점 치는 것으로 여겼다. 그러나 명리학은 미래예측을 하려고 했던 우리 선조들의 지혜가 모인 학문이다. 우리의 민족학 중에 미래를 예측하는 학문은 크게 3가지로 나뉜다.

1. 점학(직관) : 주역, 무속

2. 상학(관찰) : 관상학, 풍수지리학

3. 명학(규칙) : 명리학

사주명리학이란 이름으로도 불리는 명리학은 태양을 중심으로 지구가 공전하고 자전하는 데 따른 규칙을 기본으로 한다. 명리학은 '자연의 이치'를 통해 하늘이 정해놓은 개인의 '운명'과 '성품'의 이치를 연구하는 학문이라고 할 수 있다. 그런 점에서 민속학이며, 통계학적인 인류학이라고 보면 맞다.

동서양을 막론하고 인류의 역사가 시작된 이래 개인이나 부족, 국가의 미래를 알기 위한 노력은 여러 수단과 방법으로 끊임없이 지속 발전되어왔다. 그중에서도 동양은 특히 일정하게 변화를 거듭하는 대자연의 이치를 응용하는 미래예측학(未來豫測學)이 다양하고 깊게 발전했다. 이 가운데 일반에게 잘 알려져 있으며, 가장 대표적인 학문이 바로 명리학이다.

사주학과 명리학을 합친 용어인 '사주명리학'은 '사람이 태어난 출생 연·월·일·시(年·月·日·時) 사주팔자(四柱八字)를 자연의 이치로 분석해서 명(命)으로 정해진 운명적 요소와 성품적 요소를 읽어내는 학문'이라고 정의할 수 있다. 개인이 태어난 출생 연월일시를 간지(干支) 8글자로 작성해서 그 간지에 음양오행을 배정, 생극제화의 원리로 개인의 운명(運命)을 알아가는 학문이다.

운명이 정해져 있다는 정명론(定命論)은 사람의 운명이 하늘에 의해 날 때부터 정해져 있고, 여기에는 개인의 선택적 요소가 전혀 없다고 본다. 그런데 과연 사람의 운명은 정해져 있는 것일까? 아니면 선택에 따라 바뀔 수 있는 것일까?

만약 천명(天命)을 곧이곧대로 받아들여 사람의 운명이 세세한 것까지 모두 정해져 있다고 한다면, 우리는 아무런 노력을 할 필요가 없을지도 모른다. 모든 것이 천명으로 정해져 있다면 노력하든지 말든지, 인생은 정해진 대로 흘러가게 될 것이기 때문이다.

봄·여름·가을·겨울의 변화는 지구의 공전과 자전이 계속되는 한 지속될 것이다. 이렇게 대자연은 봄이 지나면 여름이 오고, 여름이 지나면 가을이 오는 계절의 변화를 한 치의 오차도 없이 계속하고 있다. 즉 어느 경우에도 겨울이 지났는데 봄을 건너뛰고 여름으로 가는 예는 없다. 가을이 지났는데 겨울이 아닌 여름으로 다시 돌아가는 일도 없다.

즉 이렇게 대자연은 항상 추운 겨울이 지나면 따뜻한 봄이 오도록 정해진 것이며, 이러한 계절의 순환은 아무리 인위적으로 바꾸려 해도 바꿀 수 없다. 사주명리학이 말하는 '운명'이란 바로 이런 대자연의 이치로부터 생각하는 것이다.

겨울에 배가 고프다고 밭 갈고 씨앗을 뿌린다면, 이는 부지런함이 아니라 어리석음이 될 것이다. 겨울을 빨리 끝내 달라고 착한 일을 하고, 하늘에 정성을 들인다고 겨울이 일찍 끝나지는 않을 것이며, 반대로 나쁜 일을 한다고 겨울이 늦게 끝나지도 않을 것이다. 겨울은 단지 일정한 만큼의 주어진 시간이 지나야 봄으로 넘어가게 되어 있는 것이며 정해진 이치다.

그렇다면 대자연의 정해진 흐름 속에 인간의 노력은 아무 의미가 없으며, 정해진 그대로 순종만 하며 살아가야 할 것인가? 물론 그렇지는 않을 것이다. 분명 겨울을 빨리 끝내거나 여름으로 바꿀 수는 없지만 우리는 노력을 통해 겨울을 '덜 춥게' 지낼 수는 있을 것이다.

즉 개인의 노력으로 가능한 것은 겨울이라는 것을 받아들이고 그 겨울 안에서 노력의 유무로 더 추운 겨울을 맞이할 것인가, 아니면 따뜻한 겨울을 맞이할 것인가를 선택할 수 있는 것이다. 이와 같은 관점에서 보면 천명적(天命的) 측면이 주(主)가 되기는 하지만, 운명에는 이미 정해진 부분과 개척해 나갈 수 있는 부분, 양 측면이 모두 공존한다.

행운의 때를
찾는 법

대자연과 역사의 흐름은 일정한 패턴이 있고, 변화되는 모든 현상
에는 징조가 나타나게 되어 있어, 예로부터 현명한 사람은 그 징조를
분석해 일어날 사태를 미리 대비하는 지혜를 발휘해왔다.

사람의 삶 역시 대자연 흐름의 일부이기 때문에 주변의 조짐과 징조
를 분석해보면 때의 흐름을 알 수 있게 된다. 이 흐름 분석을 통해 하
늘이 허락하는 행운의 시기에 최대한의 노력을 기울인다면 많은 성공
을 이루게 될 것이다.

1. 주변 사람의 성향을 통해 행운의 시기를 아는 법

  (지금부터 3년간 운이 좋다. 뭐든 시작해라. 하늘은 나의 편이다.)

- 우연히 현재 사회적으로 성공한 위치에 있는 사람들과 인연이
  된다.
- 우연히 많은 모임과 단체에 가입하게 되고, 그곳에서 인정받게
  된다.
- 몇 년간 소식이 없던 사람들로부터 반갑게 연락이 오고, 만나게
  된다.
- 불편하게 지낸 지 오래된 사람들이 먼저 화해를 청하는 행동을
  보인다.
- 주변 사람들이 자꾸 밥을 사준다고 만나자고 한다.
- 특별히 잘한 것도 없는데 주변에서 잘한다고 칭찬한다.
- 보는 사람마다 얼굴에 화색이 도는데 좋은 일 있냐고 묻는다.
- 지나온 몇 년이 좋은 시기가 아니었고, 몇 년간 되는 일이 없었다.

2. 성실과 노력 외의 또 다른 요인, '운'

우리는 살아가면서 누군가가 능력이나 기대 이상으로 잘나가게 되

면 "운이 좋다"라고 표현하고, 반면 성실하고 능력이 있는데도 불구하고 일이 잘 풀리지 않으면 "운이 나쁘다"라고 이야기한다. 이러한 말들은 우리가 세상을 살아가면서 사회적 성공을 이루어 나가는 데 있어서 능력과 노력만 가지고는 부족한 부분이 있다는 것을 의미한다.

즉 우리는 누구나 보다 나은 삶을 이루기 위해 의지와 정열을 담아 최선의 노력을 기울이지만, 우리 삶은 분명 의지와는 무관하게 흘러가며, 우리 삶의 정도를 결정짓는 또 다른 요인이 존재한다는 것을 의미하는 것이다. 통상 우리는 그 또 다른 요인을 '운'이라고 부른다.

운은 항상 일정한 반복 패턴으로 흐르게 되어 있다. 정도의 차이는 있지만 누구에게나 몇 번의 기회는 오게 되어 있는데, 문제는 '이 기회를 얼마나 잘 활용하느냐'일 것이다. 보통 운의 흐름은 '좋은 운'이든, '좋지 않은 운'이든 한번 오면 3~4년씩을 주기로 흐르게 되어 있다. 즉 행운의 시기가 지속되는 것도 3~4년이요, 아주 좋지 않은 흐름 속에 고전하는 것도 크게 보면 3~4년이다.

3. 현명한 사람과 어리석은 사람

현명한 사람은 우연히 좋은 운을 만나게 되어 사회적으로 높은 위치에 있게 될 때 자기 능력에 비해 과분한 대우를 받는다는 것을 스스로 깨닫는다. 또한, 자기 능력보다 크게 일이 성사된 것은 운이 따라 주었기 때문이라는 것을 알고, 그 행운은 항상 주어지는 것이 아니라는 것 또한 알아채어, 그 위치에 어울리고 그 능력에 부합되도록 부단히 노력해서 부족함을 메워나간다.

그래서 행운의 시기가 지나가고 더 이상 운이 따라주지 않을지라도 이미 그 자리를 유지할 충분한 실력을 갖추었기에 큰 어려움 없이 넘어가게 된다.

반면 어리석은 사람은 행운의 시기를 만나 사회적으로 높은 위치에 있게 되고 자기 능력 이상으로 큰일이 성사될 때, 처음에는 좀 얼떨떨하다가 어느 순간부터는 그것이 오로지 자기 능력인 것으로 착각하게 된다. 즉 자기는 대충만 해도 모든 일들이 잘 풀리게 되어 있다고 생각하고, 주변에 자기보다 뛰어난 사람들이 운이 허락하지 않아 능력을 발휘하지 못하고 있을 때, 그 능력을 객관적으로 분석하지 못하고 자신은 당연히 그들보다 뛰어나다고 생각하며 교만해진다.

그러다 행운의 시가가 다 지나가고 더 이상 운이 따라주지 않을 때인데도 예전과 같은 안일한 방법으로 일을 대충 처리하게 된다. 운이 좋을 때는 대충 처리해도 일이 잘 진행되지만, 운이 좋지 않을 때는 더 완벽하게 처리해도 돌발 사태 등이 생기게 될 수 있으므로 매사에 더욱 큰 노력과 신중을 기해야 하는 것이다. 어리석은 사람은 이미 운이 기울었는데도 교만 때문에 이를 알지 못하고 대충 처리하다가 일이 예전처럼 제대로 이루어지지 않고 문제가 생기면 당황한다. 자기 능력 부족은 모르는 채 "예전에는 같은 방법으로 해도 됐는데 이번에는 왜 안 되느냐?"면서 "사회가 불공평하다"라는 등의 불평만 하는 패자가 된다.

나에게 기운이 좋은
컬러가 있을까?

　나에게 맞는 컬러가 있다. 옷을 입어도 기운이 좋은 컬러가 있고, 실생활에 가까이 있는 가구도 기운이 좋은 컬러가 있다.

　명리학에서는 오행을 목(木), 화(火), 토(土), 금(金), 수(水)로 구분한다.

　자신의 용(용신)인 오행을 찾아서 컬러를 선택하면 좋다. 용(용신) 오행에 따라 목은 청색(靑) 계열을, 화는 적색(赤) 계열을, 토는 황색(黃) 계열을, 금은 백색(白) 계열을, 수는 흑색(黑) 계열을 선택해서 사용하면 기운이 좋아진다.

　매해에도 컬러가 들어간다. 예를 들어 2023년은 계묘년(癸卯年)인데 매년 육십갑자가 순서대로 돌아가기 때문에 2024년은 갑진(甲辰)년이다. 계묘년은 검은 토끼를 의미한다. 수인 계(癸)는 흑색을 나타내기 때문이다. 갑진년은 푸른 용을 의미한다. 갑(甲)은 목으로 청색을 나타낸다.

천간 10간은 오행으로 분류하면 갑을(甲乙)은 목으로, 병정(丙丁)은 화로, 무기(戊己)는 토로, 경신(庚辛)은 금으로, 임계(壬癸)는 수로 나누어진다.

용(用)은 용신(用神)이라고도 하며, 통상 사주에서 가장 필요로 하는 요소를 의미한다. 용은 사주 분석의 근간이 되고, 사주체의 특성 해석에 대한 기초가 된다. 용신을 오행으로 구분하는 경우가 있고, 구체적인 십간으로 구분하는 경우가 있는데, 석하명리(미래예측학 1호 박사인 소재학 교수가 이론을 정립한 《논리로 푸는 사주명리학》)에서의 용신은 활성화된 천간(사주팔자의 윗부분)을 의미한다.

수천 년 동안 전수되고 있는 명리학은 기본적인 이론을 바탕으로 발전을 거듭하고 있다. 많은 학파(?)에서는 본인에게 알맞은 용(용신)을 찾아내기가 쉽지 않은 특성이 있다. 사주 분석을 해주는 사람의 내공에 따라 용(용신)이 다르게 나오기 때문이다.

똑같은 사주팔자를 보면서도 사주 분석(통변)을 해주는 사람에 따라 많이 다른 것이 현실이다. 사주 분석(통변)을 하면서 보는 사람에 따라 결과가 다르다면 그것은 학문이 아니라고 생각한다. 학문이라는 것은 누가 봐도 사주 분석(통변)의 결과가 같아야 된다고 생각한다.

본인에게 맞는 용(용신)을 쉽게 찾는 방법이 있다. '석하리듬 앱'에서 본인의 생년월일시를 입력해보면 바로 알 수가 있다. 명리학 박사과정을 공부하고 있는 필자에게 우연하게 명품 컬러 가구 회사인 '수잔라메종' 총괄이사 제의가 들어왔다. 때가 되어서 기쁘게 받아들이고 즐겁게 근무했다. 컬러를 천연식물에서 추출한 이태리 아이카(현지에서는 '이카'라고 불리움) 사의 천연 염료와 한국 사람의 장인 기술로 컬러가구를 만드는 수잔라메종은 매력적인 회사가 아닐 수 없다.

전 세계적으로 1인당 국민소득을 기준으로 시작되는 문화를 보면, 1만 달러인 나라는 테니스가 시작되고, 2만 달러인 나라는 와인 문화가 시작되며, 4만 달러인 나라는 요트를 타는 추세다. 3만 달러인 나라는 본격적인 컬러 문화가 시작되는 추세인데, 우리나라가 3만 달러 시대에 접어들었다.

우리나라도 본격적인 컬러 시대가 시작됐는데, 본인에게 기운이 좋은 컬러를 잘 선택해서 행복한 삶을 사는 데 도움이 됐으면 좋겠다.

준비된 자(者)에게
기회는 반드시 온다

태양을 중심으로 지구가 공전하는데, 그 기간은 1년이 걸린다. 그래서 지구는 각기 온도는 달라도 어느 곳이나 봄, 여름, 가을, 겨울 사계절이 온다. 봄이 가면 여름이 오고, 여름이 가면 가을이 오고, 가을이 가면 겨울이 온다. 아무리 추워도 겨울이 지나가면 또 봄이 온다.

지구는 자전도 하는데 그 기간은 하루가 걸린다. 태양을 보면서 자전하고 있으면 낮이고, 태양을 등지고 자전하고 있으면 밤이다. 그래서 매일 낮과 밤이 있다. 1년 동안 사계절과 매일 낮과 밤은 일정한 주기를 갖고 오고 간다. 지구가 태양을 중심으로 공전과 자전을 지속하는 한 이러한 규칙은 반복될 것이다.

인생사도 지구의 공전과 자전의 규칙을 닮았다. 잘나가는 때가 있고 힘들 때가 있다. 현재 잘나가는 것 같지만 영원히 잘나가지는 않는다. 또한, 현재 힘들지만 영원히 힘들지는 않다. 필자도 경자년인 2020년에 환갑이 되면서 살아보니 그 규칙이 맞는 것 같다.

잘나갈 때는 억대 연봉을 받으면서 금융기관 지점장을 지낸 적도 있었다. 그러나 퇴직을 하고 바로 창업해서 6년간 운영했던 레스토랑을 2017년 4월 말일에 문을 닫고 개인회생을 신청해 살아오면서 쉽지 않은 생활고를 겪었다. 지나고 보니 그 힘들 때 반드시 좋은 날(기운)이 온다는 것을 믿고 잘 버텨온 것 같다.

스승님께서 어려운 때에는 3가지를 실행하면서 지내면 큰 어려움 없이 지나간다고 하셨다. 첫째는 종교가 있든 없든 기도하고, 둘째는 공부하고, 셋째는 선한 일을 하라고 하셨는데 지나와 보니 그 말씀이 맞았다.

어느 사람이 하늘에 매일 기도를 했다.
"제발 로또 복권 1등이 되게 해주세요."

새벽기도를 1년 동안 했는데, 어느 날 하늘에서 응답이 왔다.
"너의 정성이 지극하니 로또 1등이 되게 해주마. 그런데 로또는 샀는가?"

로또가 1등이 되려면 우선 복권을 사야 하는데, 그 사람은 복권을 사지도 않고 매일 기도만 했다는 우스갯소리다.

기운이 좋을 때, 이른바 잘나갈 때는 내려갈 준비를 하고, 기운이 안 좋아서 힘들 때는 언젠가 반드시 기운이 올라간다는 확신으로 올라갈 준비를 해야 한다. 나에게 힘든 시기가 지나고 좋은 기운이 왔을 때, 그 좋은 기회(기운)를 잡을 수 있도록 준비해야 하는 것이다. 좋은 기회(기운)가 왔는데도 자기가 받아들일 그릇이 안 되고, 준비가 되지 않았다면 인생은 절대 달라지지 않는다.

새벽 동트기 전이 가장 어두운 법이다. 반드시 해는 뜬다. 좋은 기회(기운)가 올 때 잘 잡을 수 있도록 평소에 공부하면서 준비하고 있어야 할 것이다. 기회는 반드시 온다. 단, 준비된 자에게만!

띠 이야기

자신의 띠를 제대로 모르는 사람 약 20%

사주명리학의 기본데이터(생체코드)로 쓰이는 사주팔자는 지구상의 특정 지점에 대한 태양과의 상관관계를 기호로 표시한 것으로, 그 기준은 음력이 아니라 태양력(양력)이라고 할 수 있다. 따라서 24절기가 시작되는 입춘(보통 양력 2월 4일 전후)을 기준으로 띠가 바뀐다.

즉 2021년 2월 3일(입춘) 이후에 태어난 사람은 소띠가 되고, 2021년 같은 해지만 2월 3일(입춘) 이전에 태어난 사람은 작년도 띠, 쥐띠가 된다. 또 1980년 2월 3일에 태어난 사람은 그해의 띠인 원숭이(申)띠가 아니라, 입춘(2월 5일)이 안 지났기 때문에 전년도(1979년) 띠인 양(未)띠가 된다. 내가 상담한 약 3,000여 명의 사례를 통해서 확인해본 결과, 보통 20%의 사람들이 자기 띠를 잘못 알고 사는 것 같다.

또한, "나는 음력으로는 무슨 띠고, 양력으로는 무슨 띠다"라고 이야기하는 사람들도 여럿 봤다. 거듭 이야기하지만, 띠는 양력 입춘 기준으로 바뀐다.

나와 맞는 사람, '삼합'

사람들의 적성이나 기운을 분석하는 것은 사주(생년월일시)를 물어보는 것이 제일 정확하다. 그러나 처음 만난 사람이나 주변 사람들에게 다짜고짜 생년월일시를 물어보기가 쉽지 않다. 대신 정확한 띠를 확인해서 '삼합'을 활용해볼 수 있다. 사람들과의 관계 및 기운을 분석해보자. 물론 100% 정확한 것은 아니나 상당 부분 공감할 것이다.

申(원숭이)	子(쥐)	辰(용)
巳(뱀)	酉(닭)	丑(소)
寅(호랑이)	午(말)	戌(개)
亥(돼지)	卯(토끼)	未(양)

삼합(三合)

예를 들어 어떤 사람이 닭띠(酉)라고 가정하면, 같은 라인에 있는 뱀띠(巳), 닭띠(酉), 소띠(丑)와는 절친이 되는 기운이 많으며, 바로 위 라인에 있는 원숭이띠(申), 쥐띠(子), 용띠(辰)가 각각을 '리드'하는 기운이 많다.

바로 아래 있는 호랑이띠(寅), 말띠(午), 개띠(戌)는 반대로 잘 따르는 기운이 많다. 두 라인 차이가 나는 돼지띠(亥), 토끼띠(卯), 양띠(未)는 계절이 반대이므로 조금은 껄끄러운 기운이 있을 수 있다.

이런 기운을 참고해서 만약 10명으로 팀을 만든다면 9명은 바로 아래 라인에 있는 띠의 사람들을 구성하고, 1명은 두 라인 차이가 나는 띠의 사람을 구성하는 식으로 환상적인 팀 구성을 해볼 수 있다. 즉 나보다 바로 아래 라인에 있는 사람들은 나를 잘 따를 것이고, 두 라인 차이가 나는 사람은 내가 생각하지 못한 것과 보지 못하는 것들을 이야기해줄 것이다.

필자가 CEO 대상으로 '명리학과 셀프리더십'을 강의하는데, 이 삼합을 활용한 사람 간의 관계 분석하기가 인기가 높다.

음양설의
기원과 성립

　동양의 모든 사상과 개념의 근저에는 대자연과 만물의 변화 원리인 음양오행설이 녹아 있고, 그 음양오행설 중에서도 근본이 되는 이론 체계가 음양설이다. 음양설은 모든 동양사상의 근간이 되는 이론 체계로서 세상만사와 우주만물을 2개의 상대적 관점으로 인식하는 사고 체계다. 하나의 본질을 양면으로 관찰해 표현하는 이원론적 기호 체계라고도 할 수 있다.

　즉 낮과 밤, 하늘과 땅, 태양과 달, 남자와 여자, 밝음과 어둠, 높음과 낮음, 큰 것과 작은 것, 강한 것과 약한 것, 먼저와 나중, 움직이는 것과 멈춘 것 등 세상의 모든 현상을 상대되는 2가지 관점으로 나누어 구분하고, 이들 상대되는 두 요소의 대립과 조화로 우주만물의 생장과 소멸이 이루어진다고 보는 사고 체계다.

어디서부터 시작됐을까?

음양의 개념은 인간이 최초로 느낄 수 있는 자연현상의 변화, 즉 낮과 밤의 변화로부터 시작됐다고 할 수 있다. 즉 고대의 인간이 최초로 느낄 수 있는 대표적인 자연현상은 밤과 낮의 변화일 것이며, 이렇게 인지되는 낮과 밤의 변화 현상은 지구의 자전에 의한 태양의 위상 변화에 의한 것이다.

낮에는 태양이 비추어 밝기 때문에 적극적으로 활동할 수 있지만, 밤에는 태양이 비추지 않아 어두우므로 정상적인 활동을 할 수가 없다.

이렇게 태양이 비추는 낮에 양의 개념이 대입되고 해가 진 밤에 음의 개념이 대입되어, 반복되는 낮과 밤의 변화가 곧 음양의 변화가 되고, 이에 의해 음과 양의 개념이 형성되기 시작한다.

사람이 활동하는 삶의 기준은 해가 떠 있는 낮이기에 양에는 밝고 긍정적이며 좋은 의미가 대입되고, 밤에는 어둡고 부정적이며 양에 비해 좋지 않은 의미가 대입되어 간다.

낮에는 적극적인 활동을 할 수 있기에 움직임이 강한 강과 동의 개념이 적용되고, 밤에는 보이지 않아 움직임이 약화되기에 약과 정의 개념이 적용된다.

절대적인 음양과 상대적인 음양

사람이 눈을 감거나 뜨는 것도 음양이라고 할 수 있다. 즉 모든 사물을 볼 수 있는 눈을 뜬 상태가 양이고, 아무것도 볼 수 없는 눈을 감은 상태가 음이다.

눈 뜬 사람과 눈 감은 사람이 싸우면 누가 이길까? 당연히 눈 뜬 사람이 이긴다. 그래서 눈 뜬 상태인 양이 강한 것이고, 눈 감은 상태인 음이 약한 것이라고 할 수도 있다.

이때 해가 뜨고 지는 것은 객관적인 음양이지만, 사람이 눈을 감고 뜨는 것은 주관적인 음양에 해당한다. 즉 해가 뜨고 지는 것은 절대개념의 음양이고, 눈을 뜨고 감는 것은 상대개념의 음양이라고 할 수 있다.

절대적 개념의 양인 낮에는 눈을 뜨면 모든 것을 볼 수 있고, 눈을 감으면 아무것도 보이지 않게 되어 상대적 개념의 음양이 그대로 적용된다. 하지만 절대적 개념의 음인 밤에는 아무리 눈을 부릅떠도 볼 수가 없기에 상대적 개념의 음양이 적용되지 않는다. 즉 주관적 기준인 상대적 개념의 음양은 객관적 기준인 절대적 개념의 음양에 종속하게 되어 절대적 개념의 음양이 상대적 개념의 음양보다 우선하게 된다.

음양설의 기원

음양설의 기원에 대해서는 주역의 효상인 양효와 음효에서 나왔다는 '주역기원설', 남녀 생식기에서 나왔다는 '성기기원설', 자연현상의 변화로부터 나왔다는 '자연취상설' 등 여러 가지 설이 있다.

그렇지만 여기서는 최초에 인간이 인지할 수 있는 자연현상의 변화로부터 시작됐다는 관점에서 살펴본다. 음과 양의 원시적 의미를 태양의 빛을 받은 상태를 '양', 태양의 빛을 받지 못하는 상태를 '음'으로 표현한 허신의 《설문해자》에 근거한다.

고대의 인간이 최초로 느낄 수 있는 대표적 자연현상은 밤과 낮의 변화일 것이다. 낮에 왕성하게 활동하다가 밤이면 어둡고 아무것도 보이지 않아 활동할 수 없게 되며, 이렇게 인지되는 변화의 현상은 태양으로부터 기인한 것이다.

문헌에 의하면 음양이라는 용어는 《시경》, 《서경》, 《역경》에서 자연현상, 특히 태양과 관련된 현상의 표현으로 사용됐으며, 처음에는 음과 양이 서로 독립된 의미로 사용되어왔다. 양은 산의 남쪽과 강의 북쪽으로 햇빛을 받는 쪽을 의미하고, 음은 산의 북쪽과 강의 남쪽 등으로 그늘진 곳을 의미하는 단순한 자연현상을 표현하는 용어였으며. 또한 양은 '따뜻하다'라는 의미와 음은 '어둡다'라는 의미 등이 원시적 의미로 사용됐다.

음양설의 발전

이러한 자연현상을 설명하는 원시적 음양의 개념은 춘추전국시대를 거치며 그 의미가 보완 및 전이되어 복합적인 음양설의 개념이 성립된다. 음양이 기의 개념을 갖게 되고, 천지의 기를 의미해 하늘의 순환하는 질서로서, 천지를 대표하는 '양기'의 의미를 갖게 된다. 이후 오행설과 결합이 되며 음양설은 우주의 변화를 설명하는 기본론으로 자리를 잡게 된다.

이렇게 음양설은 시대를 거치며 그 의미가 변해 갔는데, 그 변화과정을 3단계로 구분해보자. 첫째, 춘추시대 전으로 원시적 의미의 자연현상에 대한 표현으로 쓰였다. 둘째, 춘추전국시대로 제자백가가 활동하던 시기로서 이 시기에는 우주에 작용하는 2가지 큰 힘으로 강유, 동정, 소식, 진퇴 등과 같은 의미로 쓰였다. 셋째, 전국 말 이후로 진·한

대를 거치며 오행설과 결합되어 음양오행 속에서 조직화된 음양 개념
으로, 우주 생장소멸의 기본 원칙 또는 진리의 개념으로 의미가 발전
되어 왔다.

오행설의
기원과 특성

오행설은 음양설과 결합되어 고대부터 현대에 이르기까지 한의학, 명리학 등 동양학의 각 분야에 기본 이론체계로 활동되어 왔다.

오행설의 문헌적 기원

오행설이 어느 시기에 탄생했는가 하는 문제는 《상서》 등 고문헌의 진위와 관계되어 매우 복잡한 문제다. 그러나 고문헌의 내용을 그대로 인정한다고 할 때 '오행'이라는 단어는 시기적으로 《상서》에 최초로 나온다. 《상서》에서 '오행'을 언급하고 있는 부분이 '감서'와 '홍범' 두 편이다. 《상서》의 이 두 편을 제외하면 《시경》, 《역경》, 《노경》, 《논어》, 《맹자》 등에 모두 오행이라는 글자는 나오지 않는다.

　오행설은 음양설과 별도로 출발했으나, 추연(鄒衍)과 제나라 직하음 양가에 이미 보편화되어 있는 음양설과 결합되면서 활성화되기 시작 했다. 이후 여불위(呂不韋)의 《여씨춘추》에 의해 일차 정리된다. 특히 추 연은 음양과 오행을 결합하기 시작했고, 오행 상극에 의한 오덕종시설 을 만들어, 이 설은 이후 왕조 변천의 이론적 근거로 활용됐다.

　추연의 뒤를 이어 음양오행설을 획기적으로 발전시킨 사람은 서한 의 재상 동중서(董仲舒)다. 추연이 제창한 상승설은 오덕의 순환에 따른 역사순환론적인 성질의 것이었는데, 동중서에 와서는 이웃해 있는 것 끼리는 상생하고 건너뛰어 있는 것끼리는 상승한다는 생과 극의 법칙 개념이 형성된다.

　동중서에 의해 세밀해지고 체계화된 음양오행설은 다시 유향(劉向), 유흠(劉歆) 부자에 의해 완성된다. 유향은 《곡량춘추》를 지었으며, 아들 유흠은 오행상생에 입각한 오덕종시설을 창안하고 《오행전》을 지어 한 대의 음양오행설을 완성했다.

일반화된 오행설의 기본 개념과 특성

이렇게 오행설은 하나의 사상과 사유체계로서 각 시대의 정치 및 문화 전반에 영향을 미쳤으며, 한편으로는 역시 음양설과 마찬가지로 일정한 이론 체계를 갖추어 동양학 각 분야의 논리적 근거 및 기본 원리로 작용해왔다.

오행 개념은 처음에 《상서》 홍범의 정의에 의해 '첫째 수(水), 둘째 화(火), 셋째 목(木), 넷째 금(金), 다섯째 토(土)로서, 수(水)는 적시고 내려가는 특성, 화(火)는 타면서 올라가는 특성, 목(木)은 굽고 곧은 특성, 금(金)은 따르고 바뀌는 특성, 토(土)는 심고 거두는 특성을 나타냈다.

즉 5가지의 요소가 각각 고유의 특성이 있게 되며, 이후 동중서 등을 거치며 오행의 이론 체계인 상생상극 등이 가미되어 현재의 일반화된 통념으로 정리되어 갔다.

현재 일반화된 오행 각각의 특성은 다음과 같다.

목(木)은 '뻗어 나가는 기상'을 그 특성으로 하며, 물상으로는 '나무'에 대입되고, 계절로는 '봄'에, 하루의 시간으로는 '새벽'과 '아침'에 해당한다.

화(火)는 '분산되는 기상'을 그 특성으로 하며, 물상으로는 '불'에 대입되고, 계절로는 '여름'에, 하루의 시간으로는 '오전과 한낮'에 해당한다.

금(金)은 '따르고 바뀌고 통제하는 기상'을 그 특성으로 하며, 물상으로는 '쇠나 돌'에 대입되고, 계절로는 '가을'에, 하루의 시간으로는 '오후'에 해당한다.

수(水)는 '적시고 내려가고 수축하는 기상'을 그 특성으로 하며, 물상으로는 '물'에 대입되고, 계절로는 '겨울'에, 하루의 시간으로는 '밤'에 해당한다.

토(土)는 최초 '심고 거두는 특성'에서 의미가 발전해서 현재 '중앙', '중간'을 그 특성으로 하며, 물상으로는 '흙', '산'에 대입되고, 계절로는 '여름, 환절기'에 해당한다.

명리학에서
상충이란?

지지의 상충

1. 인신(寅申, 木과 金의 맹지)

2. 묘유(卯酉, 木과 金의 왕지)

3. 진술(辰戌, 木과 金의 고지)

4. 사해(巳亥, 火와 水의 맹지)

5. 자오(子午, 火와 水의 왕지)

6. 축미(丑未, 火와 水의 고지)

앞의 6가지 경우로 육충(六沖)이라고도 하며, 12개의 지지에서 지지를 순서대로 원에 배열했을 때 마주 보는 지지끼리의 관계를 충(沖) 또는 상충(相沖)이라고 한다. 상대방을 격사(擊射)하는 것이라고 표현하기도 하고, 불같이 급한 지지끼리의 싸움으로 표현하기도 한다.

또한, 서로 배반되는 오행에 대한 극해 정도의 표시로, 그 극해의 정도가 가장 심한 것을 말하기도 한다.

충(沖)은 마주 보는 지지 사행 간의 상호 작용

충은 천간의 극(剋) 현상이 지지에서 형상화되어 나타난 것으로, 사주학에서 아주 중요한 역할을 하게 된다. 즉 지지는 이미 매개체 토의 작용에 의해 일정한 형체를 갖추고 있어서 충의 영향력이 상당히 크다고 할 수 있다.

천간은 순수 기운이며, 각각의 오행이 1:1로 마주하는 경우가 없으므로 상호 충을 하지 않고 일방적인 극만 하게 된다. 그러나 지지는 형체이며 사행(四行)이기 때문에 1:1로 서로 마주하고 있어서 상호 충을 하게 된다.

충이란 오행 고리에서 토(土)가 빠진 지지의 사행이 서로 마주 보는 (극하는) 목(木)과 금(金), 수(水)와 화(火) 간의 동일한 [맹지와 맹지], [왕지와 왕지], [고지와 고지]끼리의 충돌 관계로서 변화를 의미하며, 이미 '진행 중인 일의 중단'과 '새로운 일의 시작' 등을 암시한다.

즉 토(土)가 빠진 지지 사행 중 인·묘·진(寅·卯·辰) 동방 목(木)과 신·유·술(申·酉·戌) 서방 금(金) 간의 상호 충돌 관계가 인신(寅申)상충, 묘유(卯酉)상충, 진술(辰戌)상충이고, 해·자·축(亥·子·丑) 북방의 수(水)와 사·오·미(巳·午·未) 남방의 화(火) 간의 상호 충돌 관계가 사해(巳亥)상충, 자오(子午)상충, 축미(丑未)상충이다.

지지의 충은 사주명리학에서 극히 중요한 역할을 하게 된다. 지지는 천간의 기운이 토(土)의 보조적 역할의 조력을 받아 일정한 형상을 갖추고 고형화되어 있기에 충의 영향이 극히 크게 작용된다. 즉 천간 무형 기운의 극(剋) 현상이 지지에서 형상화되어 충의 형태로 나타나게 되며, 이때는 이미 형상의 틀을 갖춘 상태이기에 그 영향력이 상당히 크게 나타난다.

비워지고, 다시 채워지는 충(沖)

지지 충의 의미는 이미 충돌로 인한 일의 이후 실체의 형상을 의미한 것으로 지지의 변화, 즉 오행 운동의 변화 양상이며, 충돌 또는 중단 등으로 이제까지의 실체가 무(無), 즉 공(空)의 상태로 되며, 이에 또 다른 시작이 채워지는 것이라고 볼 수 있다. 이는 순수한 오행의 기운이 아니고, 이미 사건이 발생한 지지의 변화 형상이다.

즉 여기에서 충(沖)의 본뜻은 '비워진다'이지만, 이것은 이미 '충돌한다'라는 의미와 충돌 등으로 인해 '이제까지 채워 있던 것이 비워진다'라는 의미와, '비워진 자리에 다시 채워진다'라는 뜻을 내포하는 것이다.

필자도 2017년 정유(丁酉)년에 6년간 운영했던 이탈리안 레스토랑을 문 닫게 됐는데 지나와 보니 알게 됐다. 그해가 자오묘(子午卯)가 있는 필자의 사주에 '자오묘유' 상충 기운이 강하게 적용됐다는 것을. 또한, 그해 정유(丁酉)년 9월(己酉) 19일(己酉)에 손가락 끝부분이 절단되는 사건도 일어났다. 우여곡절 끝에 지금은 그때와는 다른 삶을 사는 필자의 경험을 비추어 볼 때 독자들의 사주와 상충하는 연도, 월, 일 등을 일상생활에 참고해서 사는 지혜를 가지라고 권하고 싶다.

명리학에서
상형이란?

사주 분석에서 중요하게 쓰이는 상형은 다음과 같다.

형(刑)이란 토(土)가 빠진 지지의 사행이 순환하는 과정에서 나타나는 부작용이라고 할 수 있다. 즉 지지 사행이 '목화(木火)의 대양(大陽)에서 금수(金水)의 대음(大陰)으로 또는 금수의 대음에서 목화의 대양으로' 변화하는 과정에서 토(土)가 본연의 제 역할을 하지 못함으로써 발생하는 부자연스러운 현상을 의미한다.

지지는 충으로 완전한 변화를 가져와야 하는데 형은 완전한 충이 되지 못하는 반충(半沖)의 현상으로, 변화의 움직임은 있으나 완전한 변화를 가져오지는 못하면서 생기는 문제라고 할 수 있다.

형(刑)은 정상적인 변화가 아니기에 헤어지지도 죽지도 않으며, 또한 버리지도 못하고 끝까지 가져갈 수밖에 없는 업(業)을 의미한다고 볼 수 있다. 이 때문에 명리학에서는 형(刑)을 중요하게 다루고 있다.

형은 지장간에 문제를 가져오기는 하지만, 충(沖)처럼 완전히 부실하게 되지는 않기에 지장간이 건재해서 각자의 천간을 호응해주는 통근(通根)의 역할을 하게 되며, 인접해 있는 충(沖)과 합(合)을 해소하는 역할을 하지는 않는다.

지지의 형은 충과 마찬가지로 명리학에서 중요하게 다루어지는 부분으로 통상 형상(形殺) 등으로 불린다.

형(刑)의 종류

일반적으로 형은 인사신(寅巳申)과 축술미(丑戌未)의 삼형(三刑)과 자묘(子卯)와 진오유해(辰午酉亥)의 자형(自刑)으로 나뉜다.

인사신 삼형 : 사(四) 맹지(孟支) 중 해만 제외되어 있다.
축술미 삼형 : 사(四) 고지(庫支) 중 진만 제외되어 있다.
자묘형, 진진형(자형), 오오형(자형), 유유형(자형), 해해형(자형)

이들 중 화(火)와 금(金)의 관계는 삼형살로 대표되는 인사신과 축술미이며, 수(水)와 목(木)의 관계는 기타 형인 자묘형과 진진형, 해해형 등이다.

인사신 삼형에서 주가 되는 것은 한 몸에 화(火)와 금(金)을 가지고 있는 '사(巳)'가 되며, '인사' 또는 '사신'만 가지고도 형이 성립된다. 단 '사(巳)'가 빠진 '인신'은 지장간 모두가 다 충(沖)을 하기에 형(刑)이 아닌 충(沖)에 해당한다.

축술미 삼형에서도 주가 되는 것은 한 몸에 화(火)와 금(金)을 가지고 있는 '술(戌)'이 되며 '축술' 또는 '술미'만 가지고도 형이 성립된다. 단 '술(戌)'이 빠진 '축미'는 지장간 모두가 다 충(沖)을 하기에 형이 아닌 충에 해당한다.

12지지가 모두 형에 해당하지만, 그중 삼형의 경우를 작용력이 크다고 보는데, 인사신(寅巳申)은 주로 대외적인 문제로 관재구설 등으로 나타나는 경우가 많다고 하고, 축술미(丑戌未)는 주로 대내적인 문제로 건강 문제, 즉 수술 등으로 나타나는 경우가 많다고 한다.

옛날부터 매년 새해가 되면 명리학자 또는 어르신들이 올해는 구설수를 조심하라 또는 건강에 유의하라고 말씀하셨는데, 그것은 본인 사주에 상형이 일부 있고, 새해에 상형에 필요한 지지(기운)가 합쳐져서 상형이 이루어지는 해에 조심하라는 의미였던 것 같다.

예를 들어 본인 사주에 술미(戌未)가 있는데, 올해는 신축(辛丑)년이므로 합쳐지면 축술미(丑戌未) 상형, 건강 문제가 발생할 수 있으니 조심하라는 의미라고 볼 수 있다.

명리학 관점에서
개인 성향 분석(일간 기준)

명리학이 학문으로 자리 잡으며, 많은 사람이 배우고 있는 요즈음에는 가끔 상대방에게 "일간이 무엇인지요?"라는 질문을 받고는 한다. 이때 "일간이 먹는 것인가요? 무엇이지요?"라기보다는 "저는 갑(甲)입니다. 또는 병(丙)입니다"라고 대답해주면, 명리학을 아는 것으로 대접받게 된다.

우리는 일생을 살아가면서 많은 사람을 만나고, 또 그들과 어울리면서 살고 있다. 나의 성향과 만나는 사람들의 성향을 알면 참 좋을 듯하다. 개인 성향을 분석하는 제일 좋은 방법은 그 사람의 생년월일시를 알아서 사주 분석하면 좋지만, 만난 지 얼마 안 된 사람에게 불쑥 생년월일시를 물어보기가 좀 어려운 것이 현실이다. 그래서 간단하게 일간만 가지고 성향 분석하는 방법을 살펴보고자 한다. 물론 가족들의 성향 분석도 가능하다.

첫 번째는 상대방에게 '일간'이 무엇인지 물어보고 101페이지의 유형을 참고한다.

두 번째는 상대방이 일간을 모르면 사주팔자가 나오는 앱에다가 입력해서 일간을 파악한다(생일관리상 필요하다고 승낙을 얻은 후 입력하면 큰 무리는 없을 듯하다).

개인 사주팔자를 확인할 수 있는 무료 만세력 애플리케이션 '원광만세력'을 다운받아서 생년월일시를 양력이든, 음력이든, 1개만 입력하면 자동으로 사주팔자가 나온다. 만약 시를 모를 때는 시 불명으로 입력하면 6개의 사주가 나온다.

8개의 글자가 보이는데 이를 '사주팔자(四柱八字)'라고 한다. 오른쪽부터 '연주, 월주, 일주, 시주' 4개의 기둥(柱)이 있어 사주(四柱)라 하고, 글자가 총 8개가 있어 팔자(八字)라고 한다. 지구상의 특정 지점에 대한 태양과의 상관관계를 기호로 표시한 것이다. 연과 월은 지구의 공전에 따른 태양과의 관계를 나타내며, 일과 시는 지구의 자전에 따른 태양과의 관계를 나타낸다. 즉 사주팔자는 지구상의 특정 시점(누군가 태어난 시점)에서 우주의 기운을 읽는 것이다. 앞서도 제시했지만, 사주팔자의 8개 글자는 자리에 따라 다음과 같이 설명할 수 있다.

시주	일주	월주	연주	
시간	일간 (본인)	월간	연간	천간
시지	일지 (배우자)	월지 (직업, 습관)	연지	지지

사주팔자의 위치에 따른 이름

이 중에 위 칸 오른쪽에서 세 번째가 '일간'이다. 일간은 갑, 을, 병, 정, 무, 기, 경, 신, 임, 계, 총 10개로 나타나는데, 10개의 일간을 앞서 언급했던 아래의 성향 분석표로 확인할 수 있다. 일간으로 보는 성향 분석 적중률은 30~40%다.

유형	대표 성향	세부 주요 성향
갑(甲)	합리적 중재자 (현실적 논리학자 B)	온화한 조정자, 신중한 현실파, 실리적 평화주의, 원리원칙, 현실적 중재자, 논리적 연구가, 명예
을(乙)	독자적 행동가 (순수무관 A)	독립적 행동주의, 강력한 지도자, 말보다 행동, 자존감, 즉흥적 행동가, 순수, 주도적 행동가
병(丙)	열정적 실천가 (순수무관 B)	열정의 리더십, 호기심, 즉흥적 행동가, 선봉대장, 분위기 메이커, 벼락대신(욱하는 성격)
정(丁)	이상적 예술가 (창조학자 A)	번뜩이는 지혜, 창의적 이상주의, 창조적 예술가, 공상가, 몽상가, 이상적 예술가, 화려함, 자기표출
무(戊)	창의적 발명가 (창조학자 B)	창조적 독창적, 개성, 예술적 재능, 감수성, 낙천적 사색, 실용적인 아이디어
기(己)	성실한 노력가 (현실적 실리주의자)	성실한 현실가, 합리적 리더십, 신중한 현실가, 실용적 행동가, 실리 중심적, 현실적 중재자

유형	대표 성향	세부 주요 성향
경(庚)	실리적 통제자 (실리적인 무관)	꼼꼼한 노력가, 강압, 실리적 노력가, 통제력, 카리스마, 억압, 인내
신(辛)	규범적 개혁가 (이상적 통제무관 A)	이상적 행동가, 합리적인 리더십, 준법정신, 원리원칙, 완벽 추구, 순발력, 이상적 통제자
임(壬)	활달한 개척가 (이상적 통제무관 B)	재치 있는 모험가, 선동가, 은근한 멋, 자기주장, 표출, 임기응변, 화술, 즉흥적 행동가
계(癸)	논리적 사색가 (현실적 논리학자 A)	신중한 사색가, 논리적 학자, 수학적, 현실적, 균형감각, 논리적 사색 이치탐구, 연구가, 명예

일간으로 보는 선천적 성향 분석

사주궁합은
시기가 중요*

    사람들은 누구나 자녀가 성장해서 독립해야 할 시기가 되면 결혼을 생각하고, 결혼 후에는 부부가 행복하고 즐겁게 살면서 해로하기를 바란다. 이러한 희망을 미리 알아보기 위해 여러 가지 방법을 사용하고 있는데, 그중 대표적인 것이 사주를 근거로 길흉을 알아보는 궁합이다. 국어사전에는 궁합을 '혼담이 있는 남녀의 사주를 오행으로 맞추어 보아 배우자로서의 길흉을 헤아리는 점이다'라고 정의한다.

    사주명리학의 고전이나 선행 연구 논문을 보면, 자신이나 배우자의

---

* 이 챕터는 3부의 연구 논문을 압축한 내용이다.

사주 8개 글자의 조합 상태나 합, 충, 극, 신살 또는 필요한 오행으로 궁합을 판단했다.

통계청 자료에 의하면 2020년 한 해 출생자는 272,400명이다. 하루 평균 출생자는 746명이 되고, 2시간(24시간 하루의 12지별 시간) 단위로 나누면 62명이 되며, 남녀의 출생 비율을 동일하게 적용할 경우 약 31명씩 된다. 즉 2020년 출생자 중 사주와 대운이 같은 사람이 약 31명에 이르게 된다. 사주에 나타난 합, 충, 극이나 각종 신살 때문에 이혼했다면 같은 사주는 모두 이혼해야 한다. 하지만 현실은 그렇지 않다. 이렇게 비논리적으로 감정함으로써 궁합에 대한 신뢰를 잃게 됐다.*

친하게 지내던 친구라도 어느 날부터 미워지면서 보기 싫을 때가 있는 것처럼, 같은 대상에 대해 좋아하는 시기와 싫어하는 시기가 있는 것이다. 운동선수가 우승을 위해 열심히 노력하지만 노력에 비해 좋은 결과를 얻을 때가 있고, 같은 노력을 하더라도 오히려 성적이 떨어지는 슬럼프의 시기를 겪기도 한다.

사주는 태어난 시간을 간지로 표시한 것으로 오행이다. 시간은 천체운동이 지속하는 한 규칙적으로 반복하고 오행 역시 규칙적으로 반복한다. 그러므로 사주의 불균형된 오행이 시간을 만나면서 오행이 균형에 가까울 때가 있고, 불균형이 심화되는 때가 있다. 오행이 균형에

---

* 3부 연구 논문에서는 2021년 통계청 자료를 볼 수 있다.

가까우면 기의 분포가 좋다고 하고, 불균형이 심화됐을 때는 기의 분포가 나쁘다고 한다. 기의 분포가 좋은 때는 행운의 시기고, 불균형이 심화된 때는 힘든 시기다. 행운의 시기는 주변의 상황이나 여건이 유리하게 조성되어 노력 이상의 성과가 나타나지만, 힘든 시기는 주변의 상황이나 여건이 불리하게 조성되어 노력에 비해 성과가 적게 나타나는 때다. 시간이 규칙적으로 반복함에 따라 행운과 힘든 시기도 규칙적으로 반복하게 되므로 그 시기를 예측할 수 있다.

사주는 사람이 태어난 순간의 시간을 간지로 표기한 것이다. 천체운동을 기준으로 시간의 주기(하루, 한 달, 1년 등)를 구분했으므로 규칙적으로 반복하는 특성이 있다. 그러므로 간지로 표시한 시간, 즉 오행도 규칙적으로 반복한다. 사주를 분석하면 오행이 불균등하게 분포되어 있음을 알 수 있다. 이렇게 불균등하게 분포된 사주가 하루, 한 달, 1년 등의 시간을 만나면서 오행의 분포가 균형을 이루는 시기가 있고, 또한 불균형이 더욱 심화되는 시기가 있다. 그 시기는 시간의 규칙적인 반복성에 따라 역시 규칙적으로 반복해서 나타난다.

사주의 오행이 시간과 만나 균형을 이루게 되면 '기의 분포가 좋다'라고 하며, 이때는 주변의 상황이나 여건이 유리하게 조성되어 노력 이상의 성과를 얻을 수 있는 시기로 행운의 시기라고 할 수 있다. 사주의 오행이 시간과 만나 불균형이 더욱 심화되면 '기의 분포가 나쁘다'라고 해서 이때는 주변의 상황이나 여건이 불리하게 조성되고 노력에 비해 성과가 적게 나타나므로 힘든 시기다.

시간은 하루의 밤낮이나 1년의 계절이 끊임없이 변화해 가듯 오행도 5개의 기가 상생상극을 하면서 끊임없이 변화해 간다. 이러한 기운의 변화와 그 기운을 사람이 몸으로 느끼는 시점과는 일정한 시차가 있다. 사주를 분석하면 좋아지는 시기와 싫어지는 시기를 찾을 수 있다.

희기의 시기(때)를 알기 위해서는 사주를 분석해서 희신과 기신, 격과 용신을 판단해야 한다. 기신운은 자신이 싫어하는 운으로 힘든 시기에 해당해 상대방의 대운(10년 운)에서 만나면 상대방이 미워지고 싫어지게 된다. 한편 세운(1년 운)이 하락해서 힘든 시기가 되면 주변의 상황이나 여건이 불리하게 조성되어 노력에 비해 성과가 적게 나타나므로 역시 상대방이 미워지고 싫어지게 된다. 이러한 시기를 궁합에 접목시키기 위해 첫째, 자신의 기신운이 배우자의 대운에서 만나는 시기와 둘째, 세운이 하락하는 시기를 감안해서 세운의 흐름을 인생 사계절(봄, 여름, 가을, 겨울)로 전환해 이혼 사주를 분석한 결과, 이혼한 시기는 모두 세운이 하락하는 시기(겨울, 봄)였으며, 부부 모두가 세운이 상승하는 시기(여름, 가을)에는 한 건도 없었다. 즉 세운이 하락하는 시기만 참고 넘기면 이혼을 피할 수 있었으나 그 시기를 알 수 없으므로 이혼으로 이어졌다.

세운이 하락하는 시기에는 주변의 상황이나 여건이 불리하게 조성되어 노력에 비해 성과가 적게 나타남으로써 경제적으로 어려움이 발생하고, 이유 없이 짜증나며, 모두가 미워지게 되고, 건강이 나빠지게 된다. 이혼의 사유를 여러 가지로 분류해보면 '운이 하락할 때' 나타나는 현상으로 통합될 수 있다. 궁합을 볼 때 '석하명리 인생 사계절'을 적용해 힘든 시기의 시작과 끝을 예측함으로써 부부가 어려운 시기를 잘 극복했으면 좋겠다.

출생 시간에 대한
부정확성

임상에서 실제 사주를 접하다 보면 출생 시간이 정확하지 않은 경우가 생각보다 많은 것을 알게 된다. 기존의 원리와 원칙이 애매한 사주학에서는 시간이 틀려도 큰 의미가 없는 경우가 많으므로 시간 확인의 필요성이 심각하게 대두되지 않을 수도 있지만, 석하 소재학 스승님(1호 명리학 박사)의 '논리로 푸는 사주학 석하명리'에서는 시간이 틀리면 전혀 엉뚱한 추론이 된다. 그 때문에 사주 분석에 우선해 중요한 것이 정확한 출생 시간의 확인이다. 출생 시간에 대한 여러 가지 변수를 살펴보면 다음과 같다.

1. 출생 연대에 따른 출생 시간의 오차 범위

2000년 이후 출생자들은 비교적 출생 시간이 정확하지만, 1960~ 1980년 출생자의 경우는 10명 중 2~3명이 출생 시간이 부정확하거나 잘못 알고 있고, 1960년대 이전 출생자의 경우는 10명 중 4~5명이 출생 시간을 잘못 알고 있으며, 1940년대 이전 출생자의 경우는 10명 중 6~7명의 출생 시간이 부정확하다.

사주체의 출생 시간이 실제와 다르거나 또는 잘못 알고 있는 이유는 무엇 때문일까? 일반적으로 출생 시를 혼동하는 요인으로는 '표준시의 기준 변경'과 '서머타임(summer time) 실시', 그리고 '과거와 현재의 시간 개념 차이' 및 '산모의 출생 시간 착각' 등을 들 수 있다.

2. 표준시의 기준 변경과 서머타임(summer time) 실시

(1) 표준시의 기준 변경
'동경 127도 30분'과 '동경 135도 00분'

(2) 서머타임(summer time)의 실시
1048~1960년, 1987~1988년

⑶ 과거와 현재의 시간 개념 차이에 따른 착오

지금은 시간 개념이 상당히 세분화되어 분 단위까지 구분하는 것이 생활화되어 있기에 최근 출생자들은 대부분 출생 시간이 분 단위까지 정확해 오차 범위가 거의 없다.

그러나 약 50~60년 전인 1960~1970년에는 일반 가정에 시계가 보급되기는 했어도 일반인들의 시간 개념은 아직 세밀한 분 단위까지 구분하는 것이 일상화되지 못했던 시기다.

또한, 1950년대나 그 이전에는 시계가 널리 보급되지도 않았을 뿐만 아니라, 시간 개념이 더욱 희박했기 때문에 과거 출생자일수록 시간에 대한 정확한 확인이 필요하게 된다.

⑷ 산모의 출생 시간 착각에 따른 착오

당사자는 태어나면서 시계를 볼 수 없다. 보통 출생 시간을 기억하고 있는 사람이 엄마인 경우가 많다. 아기의 출산 시에 가장 경황이 없고 기절할 정도로 정신이 없었던 아기 어머니인데, 그 출생 시간을 기억하는 사람 또한 그 어머니인 경우가 대부분이다.

아기를 낳을 때 산모는 거의 정신을 잃을 정도로 극심한 고통의 순간을 지내며 출산한다. 따라서 통상 출산 직후의 산모 마음 상태는 '우리 아기 손발 멀쩡한가? 건강한가?' 또는 '아들인가? 딸인가?'다. 대개 출산이 성공적으로 이루어지면 아기가 건강한지 확인하고는 긴장이

풀리게 되어 경황이 없다가 일정 시간 경과 후 정신이 수습되어서 이때 시간을 인지하게 되는 경우가 많다. 이 때문에 산모가 아기의 출생 시간을 인지해서 기억에 저장하는 시기는 출산 후 일정 시간이 지난 후가 되는 것이며, 이러한 이유로 인해 어머니가 기억하는 출생 시간보다 실제 출생 시간이 빠른 경우가 대부분이다. 임상에서 확인해봐도 실제 출생 시간이 어머니가 기억하는 시간 이후인 경우는 거의 없다.

⑸ 우리나라의 표준시

우리나라의 표준시는 영국 그리니치 표준시보다 약 9시간 정도 빠른데, 동경 127도 30분을 기준으로 할 경우에는 11:00~13:00 사이가 정오시가 되며, 동경 135도를 기준으로 할 경우에는 11:30~13:30 사이가 정오시가 된다.

조선 말기까지 동경 120도의 경선을 표준 자오선으로 쓰다가 1910년(융희 4년) 4월 1일에 11시를 12시로 고침으로써 동경 135도의 지방 평균시를 채택했다.

동경 135도의 지방 평균시는 일본 고베의 서쪽 아카이시를 지나는 자오선으로, 동경 127도인 서울의 자오선보다 8도의 차이가 생겨 32분 빠르게 된다.

이 때문에 시계가 12시 정각을 알릴 때 태양은 고베의 서쪽 아카이시 상공에 있게 되고, 32분 후 우리나라 서울의 상공에 있게 된다.

※ 표준시에 대한 오해, 동경 127도 30분과 동경 135도

동경 135도를 기준으로 하는 지방 평균시가 우리나라를 거치지 않고, 일본 고베의 서쪽 아카이시를 지나가다 보니 우리나라 시가 아니고 '일본시'라고 잘못 알고, 심지어는 동경 127도 30분은 '한국시', 동경 135도는 '일본시'라고 하는 경우도 있다. 또는 동경(東經) 00도라고 하다 보니 일본의 수도 동경(東京, 도쿄)을 연상해 일본시라고 착각해서 빨리 우리나라의 시를 찾아야 한다고 주장하는 경우도 간혹 있다.

'갑'과 '을'에도
합이 있다(천간 합)

간합(干合)

간합이란 '천간 합' 또는 '천간 오합', '천간 상합'이라고도 하며, 10개
의 천간인 갑, 을, 병, 정, 무, 기, 경, 신, 임, 계를 순서대로 배열할 때 홀
수 번에 있는 양간과 짝수 번에 있는 음간이 서로, 극제의 관계에 있는
나열 순서상 6번째인 천간과 합을 하게 되는 것을 말한다.

십간을 원으로 배열했을 때 서로 마주 보는 천간끼리 합을 하게 된
다. 갑과 기의 합, 을과 경의 합, 병과 신의 합, 정과 임의 합, 무와 계의
합은 순서상 6번째와 합하기에 일명 '육합'이라고도 하며, 순서대로 배

열할 때 1부터 5까지의 생수와 6부터 10까지의 성수가 합을 하기에 '생수와 성수의 결합'이라고도 한다.

합화(合化), 간합오행(干合五行)

합화 또는 간합오행이란 서로 다른 오행인 2개의 천간이 상합을 통해 하나의 오행으로 변화하게 되는 것을 말한다. 양목인 갑은 음토인 기와 합해 토(土)가 되고, 음목인 을은 양음인 경과 합해 금(金)이 된다.

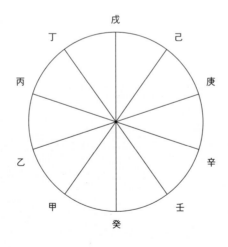

천간 합

양화인 병은 음금인 신과 합해 수(水)가 되고, 음화인 정은 양수인 임과 합해 목(木)이 되며, 양토인 무는 음수인 계와 합해 화(火)가 된다.

합은 합 자체만을 의미하는 것이고, 합화는 합을 해서 오행의 변화가 일어난 상태를 의미한다.

간합의 성립 원리(오행 목, 화, 토, 금, 수의 1:2 상대)

십간은 순수한 오행의 기운으로 상생상극(相生相剋)의 오행 순환운동을 원활하게 하며, 이 오행에 목, 화, 토, 금, 수가 배치된 상태를 오행 각각을 기준으로 분석해보면 다음과 같다.

목은 수와 화의 중간에 위치하며, 토와 금의 중간 지점과 정면해서 결국 토와 금의 두 세력과 동시에 상대하고 있다.

토를 기준으로 보면 토 역시 화와 금의 중간에 위치하며, 수와 목의 중간 지점과 정면해서 결국 수와 목의 두 세력과 동시에 상대하고 있다.

금을 기준으로 보면 금 역시 토와 수의 중간에 위치하며, 목과 화의 중간 지점과 정면해서 결국 목과 화의 두 세력과 동시에 상대하고 있다.

수를 기준으로 보면 수 역시 금과 목의 중간에 위치하며, 화와 토의 중간 지점과 정면해서 결국 화와 토의 두 세력과 동시에 상대하고 있다.

즉 오행원에서 목(木)은 토(土)와 금(金)을 동시에 마주하며 상대하고, 화(火)는 금(金)과 수(水)를 동시에 마주하며 상대하고, 토(土)는 수(水)와 목(木)을 동시에 마주하며 상대하고, 금(金)은 목(木)과 화(火)를 동시에 마주하며 상대하고, 수(水)는 화(火)와 토(土)를 동시에 마주하며 상대한다.

이는 오행원의 특성상 어느 오행이나 마찬가지로 하나의 오행이 '1:1 상대'가 아닌 '1:2 상대'인 것을 의미한다.

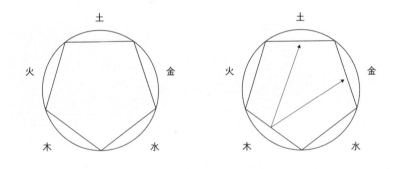

오행(五行)과 1:2 대대(待對)

3부

저자의
명리학 박사 논문
주요 내용

명리학 관점에서
이혼율에 관한 연구*

서론

누구나 사랑하는 사람과 결혼하길 원하고, 사랑하는 배우자와 평생 행복하게 살기를 꿈꾼다. 그러나 실제의 삶 속에서 사람들은 결혼생활의 위기에 직면하게 되고 이혼으로 결혼생활의 종지부를 찍기도 한다. 이혼이 드물었던 시대에는 이혼을 통해 부부 간의 문제를 해소하려는

* 명리학 관점에서 이혼율에 관한 연구(A Study on the Divorce Rate from the Perspective of Myungri)는 필자와 국제뇌교육종합대학원대학교 소재학 교수님과 공동으로 연구한 것이다(한국동양미래학회 21차 학술대회 소논문, 2022년 8월).

시도가 부정적으로 인식됐다. 그러나 현재 세계적으로도 이혼율이 높은 한국 사회에서는 부부 간의 문제를 해결할 수 없으면 이혼할 수 있다는 시각이 강해지고 있다.

또한, 현대는 개인주의 확장 시대다. 전통과 규범, 사회적 관습 등이 개인 생활을 지배하던 사회였는데, 갈수록 그러한 전통적 규범 인식은 희미해지고 있으며, 개인주의적인 생각과 활동이 확장되는 사회로 나아가고 있다. 그러나 아직은 개인과 가정, 사회와 국가라는 사회구조는 유지되고 있으며, 이러한 구조의 가장 기초적이고 본질적인 구조는 가정이다.

그러한 가정에서 한 생명이 태어나 많은 일들을 겪으면서 성장하게 되고, 그렇게 성장하면서 그 사람의 성격과 품성이 형성되며, 그 성격과 품성이 일평생 많은 영향을 끼치게 된다. 부모의 양육과 사랑을 먹고 자라나는 생명들이 온전한 생각과 함께 건전한 사회를 이룰 때, 더 건강한 사회가 될 수 있다. 그러나 21세기 현재 우리나라는 가정이 여러 가지 사유로 사실상 해체되어 불안정한 가정이 빠르게 늘어나고 있다. 오늘날 가정 해체 요인으로는 개인주의 확장, 가치관 변화, 여성의 권리 신장 등으로 혼인해야 한다는 전통적 혼인개념에서 벗어나 혼인은 선택이라는 시류 변화, 독신자 증가, 무늬만 부부, 졸혼, 성소수자 혼인에 대한 법적 인정 요구, 금기시되던 이혼 문화의 변화 등 혼인에 대한 개념이 다양화되고 있다. 그런데도 결혼 연령이 점차 늦어지는 경향이 나타나고 있으나 아직 대부분 혼인을 선택하고 있다.

사람들은 누구나 자녀가 성장해서 독립해야 할 시기가 되면 결혼을 생각하고, 결혼 후에는 부부가 행복하고 즐겁게 살면서 해로(偕老)하기를 바란다. 이러한 희망을 미리 알아보기 위해 여러 가지 방법을 사용하고 있는데, 그중 대표적인 것이 사주를 근거로 길흉을 알아보는 궁합(宮合)이다. 국어사전에는 궁합을 '혼담이 있는 남녀의 사주를 오행으로 맞추어 보아 배우자로서의 길흉을 헤아리는 점이다'라고 정의하고 있다.

사주명리학의 고전이나 선행 연구 논문을 보면, 자신이나 배우자의 사주 8개 글자의 조합 상태나 합, 충, 극, 신살 또는 필요한 오행으로 궁합을 판단했다.

통계청 자료에 의하면 2021년 한 해 출생자는 260,500명이다. 하루 평균 출생자는 714명이 되고, 2시간 단위로 나누면 60명이 되며, 남녀의 출생 비율을 동일하게 적용할 경우 약 30명씩 된다. 즉 2021년 출생자 중 사주와 대운이 같은 사람이 약 30명에 이르게 된다. 사주에 나타난 합, 충, 극이나 각종 신살 등으로 이혼했다면 같은 사주는 모두 이혼해야 한다. 하지만 현실은 그렇지 않다. 이렇게 비논리적으로 감정함으로써 궁합에 대한 신뢰를 크게 얻지 못하고 있다.

친하게 지내던 친구가 어느 날부터 미워지면서 보기 싫은 때가 있는 것처럼 같은 대상에 대해 좋아하는 시기와 싫어하는 시기가 있는 것이다. 운동선수가 우승을 위해 열심히 노력하지만 노력에 비해 좋은 결과를 얻을 때가 있고, 같은 노력을 하더라도 오히려 성적이 떨어지는 슬럼프의 시기를 겪기도 한다.

사주는 오행을 태어난 연월일시를 간지로 표시한 것이다. 시간은 천체운동이 지속하는 한 규칙적으로 반복하고 오행 역시 규칙적으로 반복한다. 그러므로 사주의 불균형된 오행이 시간을 만나면서 오행이 균형에 가까울 때가 있고, 불균형이 심화되는 때가 있다. 오행이 균형에 가까우면 기의 분포가 좋다고 하고, 불균형이 심화됐을 때는 기의 분포가 나쁘다고 한다. 기의 분포가 좋은 때는 행운의 시기고, 불균형이 심화된 때는 힘든 시기다. 행운의 시기는 주변의 상황이나 여건이 유리하게 조성되어 노력 이상의 성과가 나타나지만, 힘든 시기는 주변의 상황이나 여건이 불리하게 조성되어 노력에 비해 성과가 적게 나타난다. 시간이 규칙적으로 반복함에 따라 행운과 힘든 시기도 규칙적으로 반복하게 되므로 그 시기를 예측할 수 있다.

이 논문은 혼인한 부부가 이혼으로 인해서 가정 해체와 자녀 양육 문제 등 어려움을 겪게 되는데, 이러한 가정을 감소하기 위한 목적으로 시행하는 연구다.

명리학의 기원은 문헌을 기준으로 동진(東晋)의 곽박(郭璞, 276~324)으로 보며, 곽박으로부터 시작된 고전 고법 명리학은 '이허중명서(李虛中命書)'에 그 지명체계가 집대성되어 있다. 고법 명리학의 주요 지명체계는 연주(年柱)를 중시하며, 납음 오행과 신살을 많이 사용했다. 10세기 중반에 이르러 오대 말 북송(960~1127) 초기에 서자평(徐子平)이 창시한 고전 신법 명리학인 일명 자평 명리학은 일간(日干)을 중심으로 해서 음양오행의 생극제화에 따라 간명(看命)하는 지명체계가 근간(根幹)이 되어 여러 술가(術家)의 이력을 거쳐 누험(累驗) 변화하면서 21세기인 오늘에 사용되고 있다.

또한, 상호 상대의 희(喜)하는 오행성분을 얼마나 함유하고 있는지가 우선되고, 운에서 얼마나 협조받고 있느냐가 중요한, 즉 현실은 대운권이기에 사주체내의 오행보다 행운에서 오는 오행이 우선한다는 것이 논리로 푸는 석하명리에 나타나고 있다.

이러한 명리학 이론 가운데 부부의 관계성을 나타내는 궁합이론을 바탕으로, 부부가 이별하게 되는 명리학적 원인을 밝혀 보고자 한다. 그 이론을 기반으로 이혼하는 부부의 실제 사례를 분석해서 그 명리적 특성을 연구한 후 바람직한 부부관계를 설정할 궁합론을 도출하려고 한다.

연구 방법 및 내용

사주는 사람이 태어난 순간의 시간을 간지로 표기한 것이다. 천체운동을 기준으로 시간의 주기(하루, 한 달, 1년 등)를 구분했으므로 규칙적으로 반복하는 특성이 있다. 그러므로 간지로 표시한 시간, 즉 오행도 규칙적으로 반복한다. 사주를 분석하면 오행이 불균등하게 분포되어 있음을 알 수 있다. 이렇게 불균등하게 분포된 사주가 하루, 한 달, 1년 등의 시간을 만나면서 오행의 분포가 균형을 이루는 시기가 있고, 또한 불균형이 더욱 심화되는 시기가 있다. 그 시기는 시간의 규칙적인 반복성에 따라 역시 규칙적으로 반복해서 나타난다.

사주의 오행이 시간과 만나 균형을 이루게 되면 '기의 분포가 좋다'라고 하며, 이때는 주변의 상황이나 여건이 유리하게 조성되어 노력 이상의 성과를 얻을 수 있는 시기로 행운의 시기라고 할 수 있다. 한편 사주의 오행이 시간과 만나 불균형이 더욱 심화되면 '기의 분포가 나쁘다'라고 해서 이때는 주변의 상황이나 여건이 불리하게 조성되고 노력에 비해 성과가 적게 나타나므로 힘든 시기다.

시간은 하루의 밤낮이나 1년의 계절이 끊임없이 변화해 가듯 오행도 5개의 기가 상생상극을 하면서 끊임없이 변화해 간다. 이러한 기운의 변화와 그 기운을 사람이 몸으로 느끼는 시점과는 일정한 시차가 있다. 사주를 분석하면 좋아지는 시기와 싫어지는 시기를 찾을 수 있다. 사주를 분석하는 방법은 여러 가지가 있으나 이 논문의 연구는 소재학 박사의 논리로 푸는 사주학 '석하명리'* 관점으로 진행한다.

---

* 소재학 (2005), 《다시 보는 사주학 석하명리》, 서울 : 하원정명리학회 : 105∼121.

희기의 시기(때)를 알기 위해서는 사주를 분석해서 희신과, 기신, 격과 용신을 판단해야 한다. 기신운은 자신이 싫어하는 운으로 힘든 시기에 해당되어 상대방의 대운에서 만나면 상대방이 미워지고 싫어지게 된다. 한편 세운이 하락해서 힘든 시기가 되면 주변의 상황이나 여건이 불리하게 조성되어 노력에 비해 성과가 적게 나타나므로 역시 상대방이 미워지고 싫어지게 된다. 이러한 시기를 궁합에 접목하기 위해 다음의 내용을 적용한다.

첫째, 자신의 기신운이 배우자의 대운에서 만나는 시기를 판단한다.
둘째, 세운이 하락하는 시기를 판단한다.

연구 방법

사주를 분석하는 목적은 대표적으로 오행의 강양분포의 상태를 통해 희기로 작용하는 오행을 찾기 위해서다. 사주를 분석하는 방법은 여러 가지가 있으나 여기서는 석하명리의 사주 분석 그래프*를 활용해 분석을 진행한다.

---

* 소재학 (2009), 《논리로 푸는 사주명리학 1》, 서울 : 도서출판 하원정 : 391~392.

사주는 간지로 구성되어 있고 천간과 지지로 나누어진다. 간지를 음양으로 구분한다면 천간은 양이고 지지는 음이다. 양은 원인이며 음은 원인의 결과다. 그러므로 천간의 원인에 의해 그 결과가 지지로 나타나므로 사주 분석은 천간을 대상으로 하며 일간을 기준으로 나머지 3개의 천간*이 일간과의 관계 및 지장간의 통근상태로 판단한다.

격은 일반적으로 일반격, 종격, 화기격으로 구분할 수 있는데, 일간을 기준으로 인성과 비겁성의 합한 세력과 식상성, 재성, 관성의 합한 세력이 어느 정도 균형을 이루는 사주는 일반격이라고 하며, 일간의 힘을 더해주는 세력만 있거나 일간의 힘을 약화시키는 세력만이 있을 때는 종격이라고 하고, 일간과 월간 또는 일간과 시간이 합이 되어 변화가 이루어졌을 때는 화기격이라고 한다.

신강신약의 구분은 사주 내 일간을 제외한 나머지 천간 중에 간합이 되어 있지 않고, 충이나 합으로 부실함이 없는 지지에 통근하고 있는 천간을 대상으로 일간의 힘을 더해주는 인성, 비겁성의 합한 세력이 강하면 신강사주, 일간의 힘을 약화시키는 식상성, 재성, 관성의 합한 세력이 강하면 신약사주다. 일반격의 사주일 경우 희신과 기신의 구분에서 신강사주이면 식상성, 재성, 관성 중 2개가 희신이 되고, 나

* 천간은 기운의 흐름이며 지지는 천간의 기운이 모여 형상화된 것으로 천간과 지지는 상호 호응을 통해 인사가 일어나게 된다. 사주 내의 천간이 어떻게 지지의 호응도를 얻어 역량을 발휘하는지가 중요한 관건이라고 할 수 있으며, 이때 천간이 주체가 되기 때문에 천간을 기준으로 한다.

머지 하나는 한신이 되며, 비겁성과 인성은 기신이 되고, 신약사주이면 인성과 비겁성이 희신이 되고, 식상성, 재성, 관성 중 2개가 기신이되며, 나머지 1개는 한신이 된다. 용신은 희신 중에서 활성화된 천간이되며, 격은 기신 중에서 활성화된 천간이 된다. 한신은 식상성, 재성, 관성 중에서 하나가 된다. 종격일 경우 종한 쪽이 희신이 되며, 화기격은 인성과 비겁성, 그리고 식상성이 희신이 된다.

유운(流運)은 시간의 주기성에 따라 다양하게 구분할 수 있으나 사주에서는 대운과 세운으로 나누어 적용한다. 대운은 사주체에만 적용되고, 세운은 모든 사주체에 적용되기 때문에 객관적인 측면에서 대운은 상대적이고 세운은 절대적인 것이 되지만, 주관적인 측면인 사주체에서 본다면 상대적인 대운이 절대적인 것이 되고, 절대적인 세운이 상대적인 것이 된다. 그러므로 두 운을 해석할 때 대운은 절대적인 기준으로 세운은 상대적인 기준으로 해야 한다.

사주를 분석해서 희신과 기신으로 작용하는 오행이 결정되면 대운의 해석은 결정된 희기신의 오행을 절대적인 관점에서 그대로 적용하고, 세운은 상대적인 관점에서 해석해야 한다.

《논리로 푸는 사주명리학 1》에서는 대운은 사주체의 탄생 시점에서 출발하는 고유의 운이 흐름이기에 절대운이라 명하고, 상대적 시간을 나타내는 세운은 절대운과 구분해 상대적이라 명한다고 하면서 다음과 같이 설명했다.

연운은 누구에게나 동일하지만 대운은 개인마다 다르게 되어 세운은 객관적인 시간의 흐름이고, 대운은 주관적인 시간의 흐름으로 구분된다. 즉 연운은 누구에게나 동일한 흐름의 시간이며, 대운은 개인마다 다른 고유의 시간 흐름인 것이다. 객관적으로 본다면 대운은 개인 고유의 시간 흐름이기에 상대적인 시간이지만, 세운은 모두에게 동일하게 흐르는 것이기에 절대적인 시간이라고 할 수 있을 것이다. 그러나 사주체를 기준으로 한다면 대운은 사주체에 따라 고유한 것이기에 절대적인 시간이라고 할 수 있으며, 세운은 각 사주체가 적응해 각각 상대적으로 다르게 나타나기에 상대적인 시간의 흐름이라고 할 수 있다. 이 때문에 개개인 고유의 절대적 시간의 흐름인 대운과 상대적 시간 흐름인 세운은 같은 시간의 흐름이지만 관점이 다른 만큼 사주에 대한 적용 방법도 달라야 한다.*

하루는 밤과 낮으로 구분할 수 있고, 1년은 봄, 여름과 가을, 겨울로 구분할 수 있듯이 세운의 10년도 운이 상승하는 시기의 5년과 운이 하락하는 시기의 5년으로 나눌 수 있다.

사주에 포함된 오행분포나 강약은 변화하지 않지만, 시간의 오행이 규칙적으로 반복해서 사주체에 영향을 줌으로써 오행의 균형과 불균형이 규칙적으로 반복한다. 사주오행이 균형을 이루게 되면 기의 분포

---

* 소재학 (2009), 《논리로 푸는 사주명리학 1》, 서울 : 도서출판 하원정 : 391~392.

가 좋아 행운의 시기가 되며, 불균형이 심화되면 기의 분포가 나빠 힘든 시기가 된다. 오행의 기운이 작용하는 시기와 그 기운을 몸으로 느끼는 시점을 구분해서 4단계로 나누어 인생 사계절(석하리듬)이라 하고, 자연에서의 사계절과 같이 적용했다.

1년을 기준으로 하면 양의 기운이 시작하는 시기는 동지(12월 22일경)지만, 그 양의 기운을 몸으로 느끼는 시기는 우수(2월 19일경)가 되어야 하고, 음의 기운이 시작하는 시기는 하지(6월 22일경)지만, 그 음의 기운을 몸으로 느끼는 시기는 처서(8월 23일경)가 되어야 한다. 이같이 기운은 동지와 하지로 구분되지만, 기운을 몸으로 느끼는 것은 우수와 처서로 나눌 수 있다. 기운의 시작 시점과 그 기운을 몸으로 느끼는 시점과는 시차가 발생하므로 이를 각각의 단계로 구분하면 4단계가 된다. 이같이 세운 10년을 4단계로 나누어 그래프로 나타내면 다음과 같다.

상대운 분석										
연도끝	9	0	1	2	3	4	5	6	7	8
상대운	己	庚	申	壬	癸	甲	乙	丙	丁	戊
나이끝	0	1	2	3	4	5	6	7	8	9
사계절	봄		여름			가을			겨울	

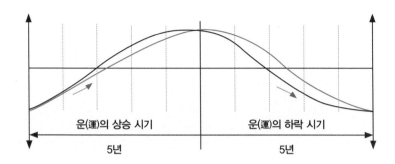

인생 사계절 그래프

   세운 10년의 흐름을 절대적인 기준(기운 기준)으로 했을 때 운이 상승하는 행운의 시기는 매 9년(己年)부터 3년(癸年)까지 5년이고, 운이 하락해서 주의해야 하는 시기는 매 4년(甲年)부터 8년(戊年)까지 5년이다. 한편 상대적인 기준(체감기준)으로 했을 때 운이 상승하는 행운의 시기는 매 1년(辛年)부터 5년(乙年)까지 5년이고, 운이 하락해서 주의해야 할 시기는 매 6년(丙年)부터 0년(庚年)까지 5년이다.

   대운이 희신운이면 세운의 10년이 행운의 시기지만, 자신이 느끼는 힘든 시기는 3년이다. 앞의 인생 사계절 그래프에서 매 9년(己年)부터 5년(丙年)까지 7년이 행운의 시기고, 매 6년(丙年)부터 8년(戊年)까지 3년이 힘든 시기다. 대운이 기신운이면 세운의 10년이 힘든 시기지만 자신이 느끼는 행운의 시기는 3년이다. 위의 그래프에서 매 3년(癸年)부터 5

년(乙年)까지 3년이 행운의 시기고, 매 6년(丙年)부터 2년(壬年)까지 7년이 힘든 시기다.

세운에서 각 단계의 흐름을 용이하게 해석하기 위해 자연의 사계절과 같이 인생 사계절이라고 했다. 기운의 흐름을 기준하면 봄, 여름의 5년과 가을, 겨울의 5년으로 나누어지고, 기운을 몸으로 느끼는 시기를 기준하면 여름, 가을의 5년과 겨울, 봄의 5년으로 나누어진다 앞의 그래프에서와 같이 봄은 매 9년에서 10년까지 2년, 여름은 매 1년부터 3년까지 3년, 가을은 매 4년부터 5년까지 2년, 겨울은 매 6년부터 8년까지 3년으로 구분했다.

연구 결과

사주의 오행이 시간의 주기마다 균형과 불균형이 규칙적으로 반복하면서 기운의 분포가 좋은 시기와 힘든 시기가 반복된다. 시간의 주기는 하루, 한 달, 1년 10년 등 그 주기성마다 오행의 변화가 규칙적으로 반복한다. 하루도 오행이 균형을 이루는 시기와 불균형이 심화되는 시기가 있듯이 한 달이나 1년, 10년도 이와 같다. 그러므로 내가 싫어하는 기운을 상대방이 많이 가지고 있을 시기나 자신의 운이 하락해서 힘든 시기에는 상대방이 미워지고 싫어지게 된다. 한편 운이 상승해서 좋은 시기에는 상대방도 좋게 보이게 된다.

다음 그림에서 A, B 두 사람이 서로 미워지면서 싫어지게 되는 시기는 다음과 같다.

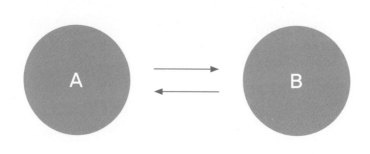

A, B의 인간관계

첫째, A는 자신의 운이 하락해서 힘든 시기에는 B를 싫어하게 된다.

둘째, B는 자신의 운이 하락해서 힘든 기간 동안에는 A를 싫어하게 된다.

셋째, A의 기신운이 B의 사주에서 강하게 나타날수록 A는 B를 싫어하게 된다.

넷째, B의 기신운이 A의 사주에서 강하게 나타날수록 B는 A를 싫어하게 된다.

운이 하락해서 힘든 시기가 되면 노력에 비해 성과가 적어 경제력이 약화되고, 건강이 악화되며, 주변의 여건이나 상황이 불리하게 조성되어 짜증이 나면서 싫어지고 미워지게 된다.

한편 자신의 기신운이 상대의 사주에서 강하게 나타나는 시기나 자신의 세운이 하락하는 시기에는 상대가 미워지고 싫어지면서 부정도 저지를 수 있다. 자신이 가장 싫어하는 기운으로 형성되는 시기에는 아무리 잘해주어도 이유 없이 싫은 시기다. 그러므로 세운과 대운의 흐름에 따라 좋거나 힘든 시기가 있게 된다.

다음은 실제 이혼한 부부 10쌍 20명의 사주를 대상으로 인생 사계절을 적용해 석하리듬 이혼 시기를 살펴봤다.

구분		출생연월일시 사주 대운	연도표시 십(10)천간 인생 사계절	이혼시기 (간지년)	세운 흐름	기신
1	乾	1960.陽.3.19. 亥時 己 丙 己 庚 亥 午 卯 子 6대운 丁丙乙甲癸壬辛庚己 亥戌酉申未午巳辰卯	9 0 1 2 3 4 5 6 7 8 己庚 辛壬癸甲乙 丙丁戊 봄 여름 가을 겨울	2017년 (丁酉年)	하락	土金
	坤	1960.陽.12.20. 巳時 乙 壬 戊 庚 巳 午 子 子 4대운 庚辛壬癸甲乙丙丁戊 辰巳午未申酉戌亥子	0 1 2 3 4 5 6 7 8 9 庚辛 壬癸甲乙丙 丁戊己 봄 여름 가을 겨울		하락	火木
	離婚 時期	여자의 기신운이 남자의 대운에서 만났으며, 부부가 모두 세운이 하락하는 시기에 이혼함.				

구분		출생연월일시 사주 대운	연도표시 십(10)천간 인생 사계절	이혼시기 (간지년)	세운 흐름	기신
2	乾	1972.陽.5.15. 巳時 癸 丙 乙 壬 巳 午 巳 子 7대운 癸壬辛庚己戊丁丙乙 丑子亥戌酉申未午巳	9 0 1 2 3 4 5 6 7 8 己庚 辛壬癸甲乙 丙丁戊 봄　여름 가을 겨울	2020년 (庚子年)	하락	水金
	坤	1976.陽.7.10. 卯時 乙 癸 乙 丙 卯 亥 未 辰 1대운 丁戊己庚辛壬癸甲乙 亥子丑寅卯辰巳午未	0 1 2 3 4 5 6 7 8 9 庚辛 壬癸甲乙丙 丁戊己 봄　여름 가을 겨울		하락	水金
	離婚 時期	부부의 기신운이 서로의 대운에서 만났고, 부부가 모두 세운에서 하락하는 시기에 이혼함.				

구분		출생연월일시 사주 대운	연도표시 십(10)천간 인생 사계절	이혼시기 (간지년)	세운 흐름	기신
3	乾	1973.陽.11.18. 子時 壬 戊 癸 癸 子 午 亥 丑 4대운 乙丙丁戊己庚辛壬癸 卯辰巳午未申酉戌亥	5 6 7 8 9 0 1 2 3 4 乙丙 丁戊己庚申 壬癸甲 봄　여름 가을 겨울	2010년 (庚寅年)	상승	土火
	坤	1974.陽.12.30. 午時 壬 乙 丙 甲 午 巳 子 寅 8대운 戊己庚辛壬癸甲乙丙 辰巳午未申酉戌亥子	9 0 1 2 3 4 5 6 7 8 己庚 辛壬癸甲乙 丙丁戊 봄　여름 가을　겨울		하락	丁火
	離婚 時期	여자의 세운이 하락하는 시기에 이혼함.				

구분		출생연월일시 사주 대운	연도표시 십(10)천간 인생 사계절	이혼시기 (간지년)	세운 흐름	기신
4	乾	1973.陽.4.2. 卯時 乙 戊 乙 癸 卯 辰 卯 丑 9대운 丁戊己庚辛壬癸甲乙 未申酉戌亥子丑寅卯	0 1 2 3 4 5 6 7 8 9 庚辛 壬癸甲乙丙 丁戊己 봄 여름 가을 겨울	2003년 (癸未年)	상승	木水
	坤	1973.陽.3.1. 卯時 辛 丙 甲 癸 卯 申 寅 丑 1대운 壬辛庚己戊丁丙乙甲 戌酉申米午巳辰卯寅	3 4 5 6 7 8 9 0 1 2 癸甲 乙丙丁戊己 庚辛壬 봄 여름 가을 겨울		하락	木火
	離婚 時期	여자의 세운이 하락하는 시기에 이혼함.				

구분		출생연월일시 사주 대운	연도표시 십(10)천간 인생 사계절	이혼시기 (간지년)	세운 흐름	기신
5	乾	1961.陽.10.19. 寅時 戊 乙 戊 辛 寅 酉 戌 丑 4대운 庚辛壬癸甲乙丙丁戊 寅卯辰巳午未申酉戌	2 3 4 5 6 7 8 9 0 1 壬癸 甲乙丙丁戊 己庚辛 봄 여름 가을 겨울	2002년 (壬午年)	하락	木水
	坤	1966.陽.6.26. 午時 甲 丙 甲 丙 午 辰 午 午 7대운 丙丁戊己庚辛壬癸甲 戌亥子丑寅卯辰巳午	4 5 6 7 8 9 0 1 2 3 甲乙 丙丁戊己庚 辛壬癸 봄 여름 가을 겨울		하락	金土
	離婚 時期	부부의 세운이 같이 하락하는 시기에 이혼함.				

구분		출생연월일시 사주 대운	연도표시 십(10)천간 인생 사계절	이혼시기 (간지년)	세운 흐름	기신
6	乾	1971.陽.4.12. 戌時 庚 丁 壬 辛 戌 卯 辰 亥 2대운 甲乙丙丁戊己庚辛壬 申酉戌亥子丑寅卯辰	4 5 6 7 8 9 0 1 2 3 甲乙 丙丁戊己庚 辛壬癸 봄 여름 가을 겨울	2002년 (壬午年)	하락	火木
	坤	1971.陽.10.14. 巳時 乙 壬 戊 辛 巳 申 戌 亥 9대운 丙乙甲癸壬辛庚己戊 午巳辰卯寅丑子亥戌	0 1 2 3 4 5 6 7 8 9 庚辛 壬癸甲乙丙 丁戊己 봄 여름 가을 겨울		상승	金水
	離婚 時期	남자의 세운이 하락하는 시기에 이혼함.				

구분		출생연월일시 사주 대운	연도표시 십(10)천간 인생 사계절	이혼시기 (간지년)	세운 흐름	기신
7	乾	1962.陽.10.28. 午時 庚 己 庚 壬 午 亥 戌 寅 4대운 戊丁丙乙甲癸壬辛庚 午巳辰卯寅丑子亥戌	6 7 8 9 0 1 2 3 4 5 丙丁 戊己庚辛林 癸甲乙 봄 여름 가을 겨울	2003년 (癸未年)	하락	土火
	坤	1962.陽.10.21. 戌時 庚 壬 庚 壬 戌 辰 戌 寅 4대운 壬癸甲乙丙丁戊己庚 寅卯辰巳午未申酉戌	0 1 2 3 4 5 6 7 8 9 庚辛 壬癸甲乙丙 丁戊己 봄 여름 가을 겨울		상승	火木
	離婚 時期	부부의 기신운이 서로의 대운에서 만났고, 남자의 세운이 하락하는 시기에 이혼함.				

구분		출생연월일시 사주 대운	연도표시 십(10)천간 인생 사계절	이혼시기 (간지년)	세운 흐름	기신
8	乾	1970.陽.6.23. 未時 辛甲壬庚 未戌午戌 5대운 庚己戊丁丙乙甲癸壬 寅丑子亥戌酉申未午	7 8 90 1 2 3 4 5 6 丁戊 己庚辛壬癸 甲乙丙 봄 여름 가을 겨울	2003년 (癸未年)	상승	金土
	坤	1972.陽.9.10. 午時 庚甲己壬 午辰酉子 1대운 辛壬癸甲乙丙丁戊己 丑寅卯辰巳午未申酉	6 7 89 0 1 2 3 4 5 丙丁 戊己庚辛壬 癸甲乙 봄 여름 가을 겨울		하락	金土
	離婚 時期	여자의 기신운이 남자의 대운에서 만났고, 여자의 세운이 하락하는 시기에 이혼함.				

구분		출생연월일시 사주 대운	연도표시 십(10)천간 인생 사계절	이혼시기 (간지년)	세운 흐름	기신
9	乾	1966.陽.10.24. 午時 甲丙戊丙 午辰戌午 5대운 丙乙甲癸壬辛庚己戊 午巳辰卯寅丑子亥戌	1 2 3 4 5 6 7 8 9 0 辛壬 癸甲乙丙丁 戊己庚 봄 여름 가을 겨울	2002년 (壬午年)	하락	火木
	坤	1970.陽.7.8. 丑時 乙己癸庚 丑丑未戌 1대운 甲乙丙丁戊己庚辛壬 戌亥子丑寅卯辰巳午	6 7 89 0 1 2 3 4 5 丙丁 戊己庚辛壬 癸甲乙 봄 여름 가을 겨울		상승	土火
	離婚 時期	남자의 기신운이 여자의 대운에서 만났고, 남자의 세운이 하락하는 시기에 이혼함.				

구분		출생연월일시 사주 대운	연도표시 십(10)천간 인생 사계절	이혼시기 (간지년)	세운 흐름	기신
10	乾	1969.陽.2.6. 午時 丙 壬 丙 己 午 子 寅 酉 1대운 丁戊己庚辛壬癸甲乙 巳午未申酉戌亥子丑	9 0 1 2 3 4 5 6 7 8 己庚辛壬癸甲乙 丙丁戊 봄 여름 가을 겨울	2002년 (壬午年)	상승	水金
	坤	1974.陽.4.11. 卯時 癸 壬 戊 甲 卯 午 辰 寅 2대운 庚辛壬癸甲乙丙丁戊 申酉戌亥子丑寅卯辰	5 6 7 8 9 0 1 2 3 4 乙丙 丁戊己庚辛 壬癸甲 봄 여름 가을 겨울		하락	木火
	離婚 時期	여자의 세운이 하락하는 시기에 이혼함.				

결론

　궁합을 감정하는 방법을 명리학의 고전이나 선행 연구자의 내용을 분석하면 사주팔자에서 글자들의 구성 상태와 배우자의 사주팔자와의 관계에서 합, 충, 극, 신살 등을 적용하거나 자신이 필요로 하는 오행을 배우자가 갖고 있을 때 좋은 궁합으로 감정했으나 이는 논리성이나 현실성에서 미흡한 면이 있다.

　1995년 이혼 건수가 68,279건이던 것이 2017년에는 106,032건으로 55.2%나 늘어났으며, 이혼 사유는 성격 차이가 43.1%(45,676건), 경제 문제가 10.1%(10,742건), 배우자의 부정이 7.1%(7,528건), 가정 불화가 7.1%(7,523건), 정신적·육체적 학대가 3.6%(3,837건), 건강 문제가 0.6%(594건), 기타 28.5%(30,132건)로 나타났다. 이혼에 따른 문제점이 많이 발생되어 그 해결책을 다양하게 연구하지만, 궁합도 그 해결책 중 하나가 될 수 있음에도 김진숙의 2011년 학위논문에 의하면 "궁합을 본 사람은 72명 중 24명이었고, 그중 궁합을 '필요하다'라고 생각한 사람은 13.9%(10명)였다. 궁합을 안 본 사람은 72명 중 47명(65.3%)이었고, 그중 궁합이 '필요하다'라고 생각한 사람은 13명(27.7%), 무응답은 1명이었으며, 궁합 경험 유무를 떠나 '필요하다'라는 사람은 23명(31.9%)이며, '필요 없다'라고 대답한 사람은 48명(66.7%)이다. 결과적으로는 약 67%는 필요성을 못 느끼는 것 같았다"*라고 기술하고 있다. 이는 궁합을 논리적으로 설명하지 못하고 단순히 글자들의 조합이나 신살을 적용해 감정함으로써 현실과 맞지 않아 신뢰성을 잃었기 때문이다.

실제 이혼한 이혼 사주를 연구자가 세운의 흐름을 인생 사계절로 전환해 분석해본 결과, 이혼한 시기는 모두 세운이 하락하는 시기였으며, 부부 모두가 세운이 상승하는 시기에는 한 건도 없었다. 즉 세운이 하락하는 시기만 참고 넘기면 이혼을 피할 수 있었으나 그 시기를 알

---

* 김진숙 (2011), '남자의 結婚時期와 宮合의 상관관계 연구', 원광대학교 동양대학원 석사학위논문 : 33.

수 없으므로 이혼으로 이어졌다.

세운이 하락하는 시기에는 주변의 상황이나 여건이 불리하게 조성되어 노력에 비해 성과가 적게 나타나므로 경제적으로 어려움이 발생되고, 이유 없이 짜증나며 모두가 미워지게 되고, 건강이 나빠지게 된다. 이혼의 사유를 여러 가지로 분류했지만 '운이 하락할 때' 나타나는 현상으로 통합될 수 있다. 명리학 관점에서 볼 때 '논리로 푸는 사주학 석하리듬 인생 사계절'*을 적용해 힘든 시기의 시작과 끝을 예측함으로써 이혼율을 줄여, 사회 문제 해결에 도움을 주고, 한 가정 부부의 행복한 결혼 생활에 조금이라도 도움이 되기를 희망해본다.

---

* 독창적으로 새롭게 정립한 석하명리의 이론들에 대한 상세한 내용은 저서 《음양오행의 원리이해》와 《논리로 푸는 사주학》시리즈, TV 강좌 〈석하선생의 논리로 푸는 사주학〉 60강좌, CNM 〈소재학 박사의 인생 사계절 석하리듬〉, RTN부동산경제TV 〈RTN생생 정보통〉 코너와 〈풍수야 놀자〉 코너 등에 상세하게 설명되어 있다.

[참고문헌]

김진숙(2011), '남자의 結婚時期와 宮合의 상관관계 연구', 원광대학교 동양대학원 석사
학위논문.

박성희(2013), 《사주명리를 이용한 궁합연구》, 한국정신과학회 학술대회논문집 :
191~221.

동아대국어사전 (2007), 서울 : 동아출판사, 292.

소재학(2005), 《다시 보는 사주학 석하명리》, 서울 : 하원정명리학회.

소재학(2009), 《논리로 푸는 사주명리학 1》, 서울 : 도서출판 하원정.

논리로 푸는 사주명리학
'석하명리' 이론*

　여기에서 열거하는 내용은 소재학 교수가 원리를 밝히고 새롭게 정리한 논리로 푸는 사주명리학 '석하명리'의 독창적인 내용들로서 기존의 고전명리와 이론이 다른 부분들이다.

　이러한 이론 등은 2001년부터 소재학 교수와 여러 교수진에 의해 청주대학교, 충청대학교, 부천대학교, 동방대학원대학교, 전주대학교, 전주교육대학교, 순천향대학교, 서라벌대학교 등 각 대학교육원 및 사설 단체 강의, 공개강좌, 학술대회, 학술발표, 논문발표, 저서, TV 방송

* 김진숙 (2011), '남자의 結婚時期와 宮合의 상관관계 연구', 원광대학교 동양대학원 석사학위논문 : 33.

활동, 공개특강 등을 통해 임상과 검증과정을 거쳐 온 내용들이다.

다음 내용 중 일부는 다른 학자나 서적에서 언급된 경우도 있지만, 살펴보면 극히 일부분이고, 대부분은 새롭게 정립된 이론들이다.

이렇게 새롭게 정리한 논리로 푸는 사주명리학 '석하명리' 이론들은 오랜 음양오행설의 모순적 요소들을 배제하고, 과학적이며, 논리적인 이론 체계로 새롭게 재정립되어, 성립 원리는 모르는 채 무조건 적용해오던 이론들의 성립 과정과 원리를 밝히고 합리적인 적용 방법 등을 제시해 음양오행설을 응용하는 모든 술학 분야의 정확도를 한 차원 높여가는 역할을 해오고 있다.

특히 음양오행설을 응용하는 대표적인 동양 미래예측학인 사주명리학에서 동일한 사항에 동일한 이론을 적용해도, 맞을 때도 있고 맞지 않을 때도 있는 모순을 해소하고, 미신적 요소와 신비를 벗겨 동양미래예측학에 대한 새로운 패러다임을 확립시켰다는 평가를 받고 있다.

이러한 이론들의 상세한 내용에 대해 부분별로 구분해본다.

1. 지구 자전 운동원 모델을 통해 음양의 본질과 음양의 개념이 성립되는 원리를 밝히고 음양설의 이론을 새롭게 정리했다.

[음양의 3가지 기본 원칙]

첫째, 음양은 '시간의 선후'를 의미, 시간의 선이 양이고, 시간의 후가 음이다.

둘째, 음양은 '명암의 변화'를 의미한다. 밝은 것이 양이고, 어두운 것이 음이다.

셋째, 음양은 서로 상반(상극)되면서도 상호 보완(상생)된다. 즉 상생상극 운동을 한다.

2. 음양설에서 음양의 기본 개념인 양(陽)에 밝고 강하다는 등의 긍정적 의미가 대입되고, 음(陰)에 어둡고 약하다는 등의 부정적 의미가 대입되는 원리를 새롭게 정립했다.

[음과 양의 기본 개념]

양 : 낮, 밝은 쪽, 강하고, 적극적이며, 활동이 강한 상태.

음 : 밤, 어두운 쪽, 약하고, 소극적이며, 활동이 정지된 상태.

3. 음양설의 '2'원론과 '3'원론, 두 요소로 알고 있는 음양설이 사실은 음양 중의 3요소로 이루어져 있어 상대적 시각으로는 음양의 '2'요소로 관찰되지만, 절대적 시각으로는 음양 중의 '3'요소로 관찰될 수 있다는 사실을 새롭게 밝히고, 이를 통해 최초의 완전수는 '3'이라는

것을 증명했다.

하나의 원운동을 낮(陽)과 밤(陰) 및 저녁(中)의 3가지 관점에서 바라보는 시각을 말한다. 이는 지구의 자전원운동을 가는 운동과 오는 운동 및 변환점 운동 등 3개의 운동 형태를 기초로 한 분류이다(양+중=음).

4. 오행(五行)의 상생론(相生論)과 상극론(相剋論)이 성립되는 원리를 밝히고 오행 전체의 기준에서는 상생상극(相生相剋)이지만, 부분 관점인 오행개체 기준에서는 편생편극(偏生偏剋)이 된다는 것에 대해 연구했다.

오행에서 목(木)과 화(火)의 관계를 정확히 분석해보면, 목(木)은 화(火)를 생(生)하지만, 화(火)는 목(木)을 같이 생(生)하지 않는다. 즉 목(木)만이 일방적으로 화(火)를 생(生)하고, 화(火)는 목(木)의 생(生)을 받기만 하는 '상생(相生)'이 아닌 '편생(偏生)'의 관계가 된다. 이것은 다른 오행 간에도 마찬가지다. 화(火)는 목(木)의 일방적 생(生)을 받기만 하고, 토(土)는 화(火)의 생(生)을 일방적으로 받기만 해서 오행 모두는 각각 일방적 '편생(偏生)'의 관계에 있다.

극(剋)의 관계 역시 목(木)은 토(土)를 극(剋)하지만, 토(土)는 목(木)을 같이 극(剋)하지 않는 일방적 '편극(偏剋)'의 형태다. 다른 오행 역시 마찬가지로 오행 간에는 각각 일방적인 '편극(偏剋)'만이 성립된다. 그렇다면 '상극(相剋)'이 아니라 '편극(偏剋)'이라 해야 옳다.

5. 오행(五行) 목·화·토·금·수(木·火·土·金·水)의 기능적 특성이 성립되는 원리를 밝히고, 오행과 오물(物)의 관계 분석을 통해 기존 오행설의 모순을 해소했다. 오행은 숫자 '5'와 '행(行)'의 조합이다. 즉 5개의 움직임이지, 결코 5개의 사물을 의미하는 것이 아니라는 것을 알아야 한다.

■ 나무와 불, 목생화(木生火)

목(木)은 봄이며 만물의 시작이고 화(火)를 향해가고 있다.

나무로 불을 일으키고 살린다고 표현할 수도 있을 것이다.

■ 불과 흙, 화생토(火生土)

화(火)는 나무의 생(生)을 받아 불을 밝히고 재를 남겨 땅을 기름지게 한다고 해서 토(土)를 생(生)한다고 표현할 수도 있을 것이다. 또한, 만물의 활동기인 극양(極陽)에서 음(金, 가을)으로의 전환이니 월동 준비도 해야 해서 토(土)를 거친다고 표현할 수도 있을 것이다.

■ 흙과 쇠(돌), 토생금(土生金)

토(土)는 화(火)의 생(生)을 받아 충분한 옥토(沃土)가 되어 철분(金)을

만들어낸다. 즉 금(金)인 쇠나 돌은 흙으로부터 나온다고 해서 토생금
(土生金)이라고 표현하기도 한다.

■ 쇠(돌)와 물, 금생수(金生水)

숲은 흙(土)으로부터 태어나서 水를 생(生)한다. 물은 미네랄, 즉 광물
질(金)에서 생(生)하며, 미네랄이 없는 물은 죽은 물이기에 금생수(金生水)
라고 표현하기도 한다. 또는 돌에서 물(암반수)이 나오니 금생수(金生水)
라 하기도 하지만, 특히 이 부분은 다른 오행들의 관계에 비해 상당히
억지스러운 내용이라고 할 수 있다. 물이 돌이나 쇠에서 많이 나올까?
땅에서 많이 나올까?

■ 물과 나무, 수생목(水生木)

물과 나무는 그야말로 떼려야 뗄 수 없는 사이이다. 물에 해당하는
수(水)는 금(金)에서 생(生)을 받아 목(木)을 생(生)해준다. 수경재배가 아니
라도 나무에 물이 없으면 살지 못할 것이다. 그 때문에 물은 나무를 생
해준다고 표현할 수도 있다.

■ 나무와 흙, 목극토(木剋土)

목(木)은 수(水)로 생(生)을 받아 화(火)를 생(生)해주지만, 토(土)를 보면
들들 볶게 된다. 즉 나무는 흙에 뿌리를 내리다 보니 흙은 나무뿌리에

자꾸 파이고 찢기게 되기에 나무가 흙을 극(剋)한다고 표현하기도 한다. 그러나 사실은 흙과 나무는 극(剋)하는 관계라기보다 서로 공생(共生)의 관계라고 표현할 수 있을 것이다.

■흙과 물, 토극수(土剋水)

토(土)는 화(火)에서 생(生)을 받아 금(金)을 생(生)해주는데, 수(水)를 만나면 사정없이 행패를 부린다고 한다. 물은 흘러가야 하는데 토(土)가 둑이나 제방으로 탁 가로막고 있으니 오지도 가지도 못하게 된다. 그렇기에 토(土)가 수(水)를 극(剋)한다고 표현하기도 한다.

■물과 불, 수극화(水剋火)

수(水)는 숲에 생(生)을 받아 목(木)을 키우게 된다. 이러한 수(水)는 그런데 불만 보면 살판이 난다. 쇠도 나무도 다 태우는 무서운 불도 물만 만나면 고양이 앞에 쥐가 된다. 그래서 수극화(水剋火)라고 표현하기도 한다.

■불과 쇠, 화극금(火剋金)

화(火)는 목(木)에 생(生)을 받아 토(土)를 생(生)해주며 금(金)을 녹인다. 단단한 쇠붙이도 용광로 불 속에 넣으면 흐물흐물해지고 그 형체도 사라져버린다. 그래서 화(火)가 금(金)을 극(剋)한다고 표현하기도 한다.

■나무와 도끼, 금극목(金剋木)

금(金)은 토(土)의 생(生)을 받아 수(水)를 생(生)해주며 목(木)을 제압한다. 아무리 아름드리나무도 나무꾼의 도끼 앞에서는 맥을 못 춘다. 이 때문에 금(金)이 목(木)을 극(剋)한다고 표현하기도 한다. 그러나 나무에 진짜 무서운 것은 도끼일까? 산불일까?

6. 오행의 '5요소'가 사방과 사계절의 '4요소'에 대입될 수 있는 원리를 밝혀 현대인의 과학적인 사고에 합당한 논리적 방법의 설명체계를 수립했다.

■오행 木·火·土·金·水의 기본 특성

(1) 목(木) : 처음, 시작, 기준점에서 뻗어 나가는 특성

(2) 화(火) : 분산, 직진, 목(木)의 다음 운동

(3) 토(土) : 목·화(木·火)와 금·수(金·水)의 중간, 변환점

(4) 금(金) : 복귀 운동, 큰 변화

(5) 수(水) : 마지막, 원점으로 돌아가는 원위치 운동

절대적인 기(氣)의 운동으로 보면 토(土) 운동을 포함해 5요소로 보이지만, 상대적인 상(象)의 운동으로 보면 운동량 변화가 없는 토(土)가 빠진 4요소로 보인다.

7. 오행 중 특별한 역할의 '토(土)'에 대한 연구를 통해 '오행(五行) 토(土)'와 '중앙(中央) 토(土)'와 '매개체(媒介體) 토(土)'로 구분되는 '토(土)'의 3가지 역할에 대해 분석하고 정리했다.

(1) 오행 토(土) : 절대적으로 오행을 구분했을 때의 오행 속의 토(土)

(2) 중앙 토(土) : 음과 양을 연결해주는 데 필요한 토(土)

(3) 매개체 토(土) : 기를 질로 변화시켜 주는 데 필요한 토(土)

사(巳) – 무(戊) (매개체 토(土) : 고형화에 사용, 천간의 통근에 사용되지 않는 토(土))

　　　　경병(庚丙)

오(午) – 병기(丙己) (오행 토(土) : 지지의 변화에 관여하지 않고 천간통근에만 사용함) 정(丁)

미(未) – 정을기(丁乙己) (매개체 토(土) + 오행 토(土) + 중앙 토(土) : 지지의 변화에 관여함)

사주해석에서 천간의 통근이나 지장간의 투간 등 천간과 지장간의 활성화를 논할 때 매우 중요하게 활용된다.

8. 절대 개념의 완전원은 360인데, 현실에서는 1년 365일의 365로 나타나는 이유와 현실에서 적용되는 방법 등에 대해 연구했다.

9. 십간을 일간에 적용할 때 갑목(甲木)은 동량지목(棟樑之木)이 아니고 새싹, 을목(乙木)은 화초(花草)가 아니고 큰 나무라는 것을 밝혔다. 이렇게 와전된 이유는 '양은 강하고 음은 약하다는 음양설의 일반개념'이 물상에 적용될 때 기(氣)와 형(形)의 측면이 뒤바뀌어 적용됐기 때문이다.

10. 십이지에 12동물이 대입되는 원리에 대해 밝혔다.

호랑이띠는 정말 성질이 호랑이 같고, 용띠는 요술을 부리고, 원숭이띠는 정말 재주가 많을까?

11. 갑병무경임(甲丙戊庚壬) 양간은 양간끼리 생극하게 되고, 을정기신계(乙丁己辛癸) 음간은 음간끼리 생극하게 되는 메커니즘을 밝혔다.

```
木    ⇒    火    ⇒    土    ⇒    金    ⇒水
    (生)        (生)        (生)        (生)        (生)
甲   乙 ⇒ 丙   丁 ⇒ 戊   己 ⇒ 庚   辛 ⇒ 壬   癸 ⇒ 甲   －겉 운동
↓ (合) ↑   ↓ (合) ↑   ↓ (合) ↑   ↓ (合) ↑   ↓ (合) ↑   ↓
己 ⇒ 庚   辛 ⇒ 壬   癸 ⇒ 甲   乙 ⇒ 丙   丁 ⇒ 戊   己   －속 운동
    (生)        (生)        (生)        (生)        (生)
土 ⇒ 金 ⇒ 水 ⇒ 木 ⇒ 火 ⇒ 土 ⇒ 金 ⇒ 水 ⇒ 木 ⇒ 火 ⇒ 土
```

12. 충(沖)과 극(剋)의 원리와 특성을 분석해서 천간은 충(沖)이 아닌 극(剋)이라고 해야 하며, 지지는 극(剋)이 아닌 충(沖)이라고 해야 한다는 것을 밝혔다.

13. 절대운과 상대운, 사주명리학에서 사주와 운(運)의 해석 방법에 대한 새로운 이론을 연구했다. 대운은 각 사주체 고유의 것이기에 상대적인 관점이고, 세운은 누구나 같이 공유하는 것이기에 절대적인 관점이라고 할 수 있으며, 그렇기에 대운의 해석법과 세운의 해석법이 달라야 한다. 즉 병오(丙午) 대운에 잘나가는 사람이 병(丙午)년에는 오히려 어려움을 겪게 되는 경우가 많은데, 이렇게 되는 원리를 밝히고 운(運)의 해석 방법을 새롭게 정리했다.

☞ **석하명리 상대운 흐름 명칭**(인생 사계절 석하리듬)

무(無) 복(復) 출(出) 발(發) 강(强) 왕(旺) 말(末) 쇠(衰) 병(病) 사(死)

봄 – 2년 : 출(出) 발(發)

여름 – 3년 : 강(强) 왕(旺) 말(末)

가을 – 2년 : 쇠(衰) 병(病)

겨울 – 3년 : 사(死) 무(無) 복(復)

14. 기후의 변화와 이상 기온이 사주 해석에 미치는 영향에 대해 연구하고 용신을 음(陰)용신과 양(陽)용신으로 구분해 이에 따라 달라지는 적용 방법에 관해 연구했다.

15. 사주팔자의 기준이 음력(陰曆)이 아니라 양력(陽曆), 정확히는 순

태양력(太陽曆)이며 출생 연월일시의 간지(干支) 표기인 사주팔자에는 태양 외에 달이나 오행성 등의 영향이 직접적으로는 반영되어 있지 않으며, 위도는 반영되어 있지 않고 태양의 위상변화인 경도만이 반영되어 있다.

16. 사주명리학을 통해 규칙적으로 알 수 있는 것은 시간의 흐름에 따른 삶의 궤적이라는 것을 밝혔다. 사주팔자에는 위도는 배제되어 있고, 태양의 경도변화(經度變化)만이 반영되어 있기에 공간이나 환경적 요소는 배제되고, 시간적 요소만 반영되어 있는 사주팔자의 분석을 통해 '항상 정확하게 알 수 있는 것'과 '알 수도 있고 모를 수도 있는 것'을 구분해 사주명리학의 예측 범위와 한계에 대해 분석하고 정리했다.

17. 이제까지 성립원리가 제대로 밝혀지지 않은 채 사주명리학 등 동양 술학 분야에 적용되는 대표적인 십간십이지 이론 간합(干合), 지충(支沖), 지합(支合), 삼형(三形) 등의 성립 원리를 새롭게 밝히고 적용 방법에 대해 새롭게 정립했다.

18. 12운성과 지장간의 성립 원리와 적용 방법 등에 대해 새롭게 밝혀 정리했다.

19. 일간에 적용되는 십간의 특성 새롭게 정립, 시공(時空)의 체용합(體用合) 관점을 적용해 기존 십간론(論)의 문제점을 개선하고, 무관(武官) 특성, 문관(文官) 특성, 실리 특성의 3가지(陰陽中)로 나누어 실제 사주팔자의 일간에 정확하게 적용될 수 있는 이론 체계를 세웠다.

20. 십신(神)이론의 성립 원리를 밝혔다. 왜 재성(財星)이 돈, 재물에 해당하고, 왜 관성(官星)이 자식이나 남편에 해당되는지, 왜 인성(印星)이 어머니 또는 선생, 문서에 해당하는지 등 십신(十神, 十星)이 성립되는 원리와 고유의 의미가 부여되는 원리 등을 밝히고 새롭게 정립했다.

21. 사주명리학의 인연법 원리를 새롭게 밝혔다. 특별히 잘해주는 것이 없는데도 이유 없이 좋은 사람과 잘못하는 것이 없어도 꼴 보기 싫은 사람이 있는데, 그럴 수밖에 없는 이유를 연구해 인연법 이론을 새롭게 정립했다.

22. 사주명리학의 궁합법 인연법의 원리를 새롭게 밝혔다. 인연법 이론을 토대로 부부 간의 이성 궁합, 뜻을 같이하는 동지나 일을 같이하는 동업자 간의 궁합 등 궁합 이론을 새롭게 정립했다. 통상 배우자 상호 간 일간끼리 극(剋)이거나, 일지(日支)나 월지(月支) 등에 극(剋)이나 형(刑) 등이 있으면 좋지 않고, 일간끼리 생의 관계이고 일간이나 일지,

월지 등에 합이 있다면 좋다는 등, 남자는 양간이 좋고 여자는 음간이 좋다는 등, 남자는 적절한 신강사주가 좋고, 여자는 약간 신약사주가 좋다는 등의 속설들이 있지만, 실제 그렇게 적용되지는 않는다.

23. 성격과 적성을 5가지로 명쾌하게 분석할 수 있는 이론 정립, 일간에 적용되는 십간의 특성과 정리된 십신의 이론을 응용해 창조적 학자, 논리적 학자, 순수 무관, 통제적 무관, 실리적 특성 등 성향과 특성을 명쾌하게 분석할 수 있는 이론 체계를 세웠다.

24. 인생 사계절, 10년 주기 패턴 '석하리듬' 및 쉽게 찾는 방법 개발 및 보급, 누구에게나 봄 여름 가을 겨울 인생 사계절 성공과 실패의 10년 주기 패턴인 석하리듬이 있다는 것을 밝히고, 쉽게 찾는 방법을 개발해 방송 활동 특강 등을 통해 보급하고 있다.

석하리듬은 운의 흐름이 10년 중 5년은 상승기, 5년은 하락기로 나누어지며, 봄 2년과 겨울 3년은 운이 약한 시기, 여름 3년과 가을 2년은 운이 좋은 시기로 구분되며, 늦여름과 가을 3년은 전성기, 겨울 3년은 슬럼프 시기로 구분된다.

25. 사주 분석 프로그램 앱 '석하리듬' 개발과 사주 분석 시 천간과

지지의 역할을 명쾌하게 구분해 신강약이나 격용 등 사주를 분석하는 간편하고 논리적인 방법과 명쾌한 분석 시스템인 사주그래프를 개발해 보급하고 있다.

에필로그

명리학에서 길을 찾다

어렸을 때 은행원이 꿈이었다. 중학교 때 학교 근처에 있는 은행 지점에 들어가서 근무하는 분들을 보고는 나도 은행원이 되어야겠다고 마음먹었다. 그래서 그 당시에 입학하기 어려운 덕수상고에 들어가서 은행원이 되기에 필요한 주산, 부기, 타자, 서예, 리더십 등을 열심히 준비해서 조흥은행에 입행했다.

40대 중반까지는 아무 생각 없이 은행만 다녔다. 그러다가 40대 중반인 2004년부터 학사와 석사를 마치면서 다양한 부문에서 학습을 해왔으며, 최근에는 박사까지 공부했다. 돌이켜 보면 20년 동안 계속 무엇인가를 배우고 살아왔는데, 명리학을 공부하면서 나를 이해하게 되었다.

내 사주는 공부, 학문을 상징하는 '인성' 기운이 가장 강한 월지에 있다. 46세부터 65세까지 인성대운이 천간에서 들어오고 월지에 통근을 한다. 그래서 46세 전후부터 지금까지 끊임없이 배우는 것은 이 기운의 영향이라고 볼 수 있다.

헤드헌터가 되는 방법을 가르쳐주는 교양강의에 참석했다가 6개월에 하나씩 새로운 이력을 추가하라는 이야기를 듣고, 지금까지 노력하고 있다.

본인 사주에 인성이 있으면 지식 추구의 성향이 강하고, 학문이나 공부를 잘할 수 있는 기운이 있다고 본다. 본인 사주에 없어도 대운에서 인성이 들어오면 같은 기운으로 본다. 인성은 일간을 생(生)해주는 오행으로 주로 논리적인 특성을 나타내며, 지식 추구의 성향이 강하고, 현실적 정신세계를 추구하게 된다. 인성은 학문이나 공부를 상징하며, 어머니와 선생님 등을 의미한다.

많은 분이 미래에 무엇을 하면 좋은지, 상담 요청이 들어오고 있다. 이 책을 읽고 있는 분들도 자기의 기운이 어떠한지를 명리학에서 길을 찾아서, 건강과 행복하시기를 기원 드린다.

2023년 7월
명무화에서

명리학에서 길을 찾다

제1판 1쇄 2023년 9월 5일

지은이 　신규영
펴낸이 　한성주
펴낸곳 　㈜두드림미디어
책임편집 　배성분
디자인 　얼앤똘비악(earl_tolbiac@naver.com)

㈜두드림미디어
등록 　2015년 3월 25일(제2022-000009호)
주소 　서울시 강서구 공항대로 219, 620호, 621호
전화 　02)333-3577
팩스 　02)6455-3477
이메일 　dodreamedia@naver.com(원고 투고 및 출판 관련 문의)
카페 　https://cafe.naver.com/dodreamedia

ISBN 　979-11-93210-05-5 (03180)